Au cœur de l'épreuve

Marianne Guéroult

Au cœur de l'épreuve

Trouver en soi la source

Préface de Francine Carrillo

empreinte
temps présent

À André, mon grand-père, emporté par le cancer en 1997.
À toutes celles et tous ceux qui souffrent
de la maladie, qu'elle soit physique ou psychique
de la perte d'un proche
de la solitude
ou de toute autre souffrance.
Et à toutes celles et tous ceux qui cheminent avec eux.
À Michel et aux autres, qui m'accompagnent sur ce chemin
de vie éprouvée,
par leur présence, leurs pensées, leurs prières…

En hommage à Raphaël Picon, professeur de théologie,
décédé le 21 janvier 2016, à l'âge de 47 ans,
emporté par le cancer.

ISBN : 978-2-35614-096-8

Image de couverture : Salar d'Uyuni, Bolivie © Damien Guillaume

Couverture/mise en page : Antonio Arroyo

Imprimé en France par Imeaf – 26160 La Bégude de Mazenc
Dépôt légal 1er trimestre 2016 – Numéro d'impression : 20160133

Version de la bible utilisée : Bible en français courant, Alliance biblique, 2010

www.editions-empreinte.com

Sommaire

Préface

Les pages qui suivent témoignent avant tout d'une belle authenticité ! Celle d'une femme qui, dans son combat contre le cancer, a choisi de ne tricher ni avec elle-même, ni avec sa foi chrétienne. C'est assez rare de la part d'une « professionnelle de Dieu » pour être relevé ! On ne trouvera pas ici de discours convenu sur la souffrance, pas de langue de bois, mais un cri ! Celui que partagent tous ceux et toutes celles qui se trouvent confrontés à l'abîme de solitude et d'impuissance dans lequel la maladie les jette. De ce fond sans fond, comment ressurgir ? Telle est bien la question que Marianne Guéroult se pose et nous pose sans détour. Quand la douleur vrille la chair et condamne à un temps qui ne passe plus, quand le malheur reste impartageable même avec les plus proches prochains, où trouver un appui ? Si aucun savoir, ni sur soi-même, ni sur Dieu, n'est ici secourable, que reste-t-il ?

« Comme il est difficile de vivre avec soi-même ! » Cet aveu pourrait être le début d'une mise en route, la reconnaissance de cette essentielle fragilité qui signe la vérité de notre humanité. Tout travail sur soi implique un affrontement avec l'incompréhensible, avec notre impuissance à tout comprendre, en particulier le mal qui nous détruit. Sur ce chemin « tout est incertitude », nous rappelle l'auteur, jusqu'à l'idée d'un Dieu qui souffre avec nous.

Le paradoxe de la maladie, c'est qu'elle voue à la tentation du désespoir en même temps qu'elle avive cette part d'espoir chevillé en nous que Julia Kristeva appelle notre « incroyable besoin de croire ». Mais si nous restons vivants de « croire malgré tout », que/qui croire encore ?

En fidélité à sa racine protestante, Marianne Guéroult s'appuie sur la Parole qui devient parlante d'être interrogée par nous. Elle creuse la nécessité de « rouvrir le vieux langage [1] » pour lui faire dire ce qu'il croyait dire et qu'il a souvent manqué. Elle nous introduit ainsi au pouvoir extraordinairement « révélant » des textes qui, à les écouter vraiment, nous déchiffrent en profondeur autant qu'ils nous donnent la parole, comme en témoignent les poèmes qu'on lira dans ces pages.

Ce que nous révèle en définitive cette ténébreuse traversée de la maladie, c'est qu'il n'y a pas de consolation à bon marché. On ne fait l'économie ni du deuil de soi, ni de ses croyances primitives. Le chemin est incertain, caillouteux ; on s'y blesse inexorablement.

Mais il arrive pourtant qu'on soit rencontré par des mots qui retiennent au bord du gouffre et qui font un

1. Maurice Bellet.

instant respirer. Il arrive que des regards, des silences, des gestes, aussi ténus soient-ils, nous donnent tout à coup de nous espérer encore. Serait-ce qu'en définitive seule compte la Présence, celle qui « ne peut être que pain, car il n'est rien de tel que la présence pour rassasier[2] » ?

Francine Carrillo

2. Cassingena-Trévedy François, *Étincelles*, Ad Solem, 2004.

Introduction

J'ai toujours aimé écrire. Du plus loin que je me souvienne, j'écris des poèmes pour mettre en mots, en rimes et en rythme ce que je ressens, ou ce que j'ai envie de dire.

Les années ont passé, j'ai fait des études scientifiques, car j'aimais les mathématiques et les professeurs m'encourageaient dans cette voie qui offrait plus de débouchés.

Dès le lycée, j'ai souhaité étudier la théologie pour devenir pasteur, parce que des pasteurs ont marqué mon parcours, en étant, pour moi, des figures exemplaires, par leur humanité, leur écoute bienveillante, leur présence réconfortante. Je souhaitais devenir aumônier des hôpitaux – en partie parce que je trouvais que mon grand-père, André, n'avait pas été suffisamment accompagné durant la traversée de sa maladie, jusqu'à sa mort. Et comme ma foi m'avait aidée à traverser des moments difficiles, je souhaitais en témoigner, me tourner vers les autres, les accompagner, les soutenir. Je pensais être heureuse en prenant ce chemin, je pensais répondre à un appel, je considérais l'Église comme ma famille.

Après deux années en faculté pour étudier les mathématiques et les sciences sociales, je me suis tournée vers la théologie. Mon engagement dans cette voie n'a pas été un long fleuve tranquille. J'ai traversé les ténèbres de l'angoisse, du doute et de la solitude. Mais j'ai parcouru tout le chemin et j'ai été ordonnée pasteur en 2008 au sein de *l'Église Évangélique Luthérienne de France*. Mais mon ordination n'a pas marqué la fin de mes questionnements existentiels et spirituels.

J'ai d'abord été pasteur de la paroisse de Noisy-le-Grand (93) et aumônier des hôpitaux, ministères au cours desquels j'ai reçu des bénédictions, vécu des moments de partage et bénéficié d'enrichissements personnels, dont je récolte encore parfois les fruits. Puis j'ai été responsable du Projet *Mosaïc* à la *Fédération Protestante de France*. J'ai alors rencontré le protestantisme dans toute sa diversité, culturelle, spirituelle et théologique. J'ai beaucoup appris au contact des autres, autant sur eux que sur moi-même.

Mais la maladie est venue frapper à ma porte. Après plusieurs mois d'examens médicaux, on m'annonce que je suis atteinte d'un cancer. Et cette annonce coïncidait quasiment avec le moment où je me préparais à devenir aumônier des hôpitaux.

J'ai malgré tout été nommée aumônier sur plusieurs hôpitaux. Cependant, la maladie, les traitements et leurs effets, m'ont empêchée de poursuivre l'exercice de mon ministère. Je me suis retrouvée arrêtée en plein élan, ne pouvant plus rien donner ni rien recevoir – toute rencontre devenant difficile.

Toutefois, je n'ai pas cessé d'écrire. La traversée de la maladie et toutes les souffrances physiques, psychiques et spirituelles qu'elle engendre, m'ont donné le désir de continuer pour partager ce que je traverse avec le plus grand nombre. Je ne souhaite pas m'attarder sur ma traversée de la maladie. Cependant, les souffrances que j'endure, sur le plan physique, psychique et spirituel, font écho aux questionnements existentiels que j'ai connus à d'autres moments de ma vie. C'est pourquoi je partage mon cheminement spirituel, fait de doutes, de regards sur ma foi, tout en mettant des mots sur mes souffrances et sur mon espérance. Je parle de mes épreuves, de ma solitude, de ma relation à Dieu et aux autres. Je parle d'écoute, de parole, d'amour, de lâcher prise et de confiance, en m'appuyant sur des textes bibliques, sur des poèmes que j'ai écrits au fil des ans et sur des lectures qui m'ont touchée.

Il ne s'agit pas d'une étude théologique, biblique ou scientifique qui tenterait d'expliquer, d'éclairer ou de justifier la souffrance et la maladie. Mais il s'agit d'un témoignage sur mon cheminement au milieu des souffrances liées à ma maladie, avec tous les questionnements existentiels et spirituels qu'elle a réveillés. J'ai essayé d'être la plus vraie et la plus juste possible, sachant que les mots sont parfois réducteurs. J'espère qu'ils ne seront pas maladroits et qu'ils ne blesseront personne.

Il s'agit là uniquement de mon vécu raconté avec mes mots. Une autre personne traversant ou ayant traversé la même maladie que moi, ne vivra pas forcément la même chose ou ne l'exprimera pas de la même manière. Cependant, j'espère que mes mots, pour dire mes maux, rejoindront et réconforteront celles et ceux qui les liront.

La maladie, traversée du désert

La maladie a envahi mon corps
Je ne sais plus qui je suis
Je ne sais plus pourquoi je vis
J'en viens à réclamer la mort.

La mort ? Vraiment ?
Non !
Mais que les douleurs cessent
Par pitié qu'elles cessent !

La maladie, épreuve pour le corps, épreuve pour l'esprit, épreuve spirituelle… Lorsque je souffre de manière intense dans mon corps, lorsque je ne suis plus que cris, gémissements, pleurs, j'ai le sentiment de ne plus être humaine. Je suis comme une bête traquée. Le regard dans le vide, plus aucun mot n'est en mesure de sortir de ma bouche, mais seulement des sons, des cris, des râles, des gémissements. Je me couche en position fœtale, enroulée sur un coussin, mais c'est insoutenable, alors je me relève, puis j'erre dans mon appartement, tel un chien perdu, à la recherche d'un soulagement, d'un « truc », de quelque chose qui fasse stopper cette douleur.

Mais rien, rien, ni personne !

Dans ces moments-là, je ne peux même pas recevoir la tendresse ou le réconfort que mon compagnon voudrait me donner. Même son regard de compassion, son regard qui dit qu'il souffre de me voir ainsi, est insupportable. Je suis coupée de tout, de tous et de moi-même !

La souffrance fige le temps, comme lors d'autres épreuves de la vie – le deuil, par exemple – où le temps n'est plus qu'un instant à subir, à endurer, mais un instant qui semble persister pour l'éternité. J'expérimente à présent l'épreuve de la solitude d'une manière différente de celle que j'ai déjà vécue dans ma vie personnelle, émotionnelle et professionnelle.

Solitude immense[3],
Profondeur du silence
Angoisse de l'absence.

Je suis émue
Par ton regard perdu
Par tes larmes de douleur
Et tes tremblements de peur.

3. Marianne Guéroult, *Solitude immense*, 2012.

Je suis révoltée
Par ton enfance volée
Par tes blessures de l'abandon
Telles un abîme sans fond.

Solitude immense
Profondeur du silence
Angoisse de l'absence.

Écho du passé
Souffrance réveillée
Je viens te chercher
Toi qui as su résister.

Tes pourquoi restent sans réponse
Cicatrices pires que des ronces.
Tu as voulu vivre et grandir
Car tu croyais en un possible avenir.

Aujourd'hui je dois te dire
Qu'entre les larmes et les rires
Il y a toi
Il y a moi
Il y a le combat pour la vie
Le pardon qui n'est pas l'oubli.

Solitude immense
Profondeur du silence
Angoisse de l'absence.

Aujourd'hui, je ne vis pas seule, j'aime et je suis aimée par mon compagnon avec lequel je partage ma vie. J'ai des amis, des proches. Pourtant, cette solitude immense, je la ressens encore. Je crois bien que je l'ai toujours ressentie, même lors de grands rassemblements. Je sais que cette solitude est un puits profond que personne ne pourra jamais combler, cette manière d'être à moi-même qui me donne le vertige. Sans aucun doute, les solides fondations de la confiance[4] me manquent-elles, confiance en la vie, en moi, en l'autre.

À différents moments de ma vie, j'ai cru tomber dans des gouffres sans fond, mais ce n'était qu'une impression, une sorte de « croyance », car aujourd'hui je suis là, toujours là, vivante, bien que souffrante. En disant cela je ne minimise pas la douleur éprouvée lors de ces moments de chute intérieure dans les profondeurs de l'abime. Ces souffrances je les ai vraiment vécues et j'en porte encore les stigmates dans ma chair et dans mon esprit. Oui ces moments étaient réellement douloureux, oui j'ai cru mourir et j'ai pensé ne jamais m'en relever. Mais force est de constater qu'aujourd'hui je suis bel et bien là, vivante et que dans mon corps j'éprouve d'autres souffrances qui, elles aussi, me font croire que je vais mourir.

4. Par confiance, j'entends cette capacité à croire les bonnes intentions d'autrui, malgré une certaine vulnérabilité et une absence de preuve. La confiance pourrait s'apparenter à la foi, si autrui était Dieu, mais pour le moment je n'aborde pas la question de Dieu, de la religion, de la foi.

Lorsque je ressens cette immense solitude, j'ai le sentiment que personne n'est capable de me rejoindre dans ma souffrance. J'ai beau y mettre des mots, mes proches ont beau me voir souffrir, ils ne voient que les effets de la souffrance sur moi, ils ne peuvent qu'effleurer les effets du mal sur moi. Et même quelqu'un souffrant de la même maladie que moi ne peut que s'approcher un peu plus près du mal qui me ronge, mais il ne peut pas me rejoindre entièrement ni comprendre ce que je vis. Et vice versa. Je ne peux pas rejoindre quelqu'un qui souffre de la même maladie que moi. Je peux seulement imaginer qu'il éprouve des souffrances semblables aux miennes.

Est-ce pour cela que l'on dit « ma souffrance » lorsqu'on souffre ? Parce que cette souffrance n'est pas n'importe laquelle, ce n'est pas la tienne ou celle d'untel, ni une parmi d'autres, mais c'est la mienne, c'est le mal qui me ronge, que ce soit la maladie, le deuil ou toute autre souffrance indicible. C'est ma souffrance, elle m'appartient et pourtant, j'aimerais tant la partager avec d'autres, j'aimerais tant qu'ils puissent en porter une partie.

Face à la souffrance[5]*, ta souffrance ou ma souffrance*
Je reste là, en silence, totale impuissance.
Face à la souffrance, ta souffrance ou ma souffrance

5. Marianne Guéroult, *Des mots pour percer le silence*, 4 avril 2015.

Je pousse un cri, je jette des mots pour repousser
la désespérance.
Silence ou parole
Absence ou présence
Comment être, que faire, que dire ?

Et si, face à ta souffrance, je devais faire silence, pour
n'être à l'écoute que de ton cri, pour naître à l'écoute
de ton silence qui dit aussi ta présence ?
Et si, face à ta souffrance, mes mots ou mes cris n'étaient
là que pour dire ma propre souffrance, celle d'hier ou
d'aujourd'hui ?
Et si, face à ta souffrance, je pouvais trouver des mots
pour te rejoindre malgré tout, là où tu es et où je ne peux
pas aller, au cœur de ton silence, dans ta lutte avec
les pourquoi sans réponse ?

Et si, face à ma souffrance, je pouvais parfois faire silence,
ou parfois pousser le cri de la désespérance ?
Et si, face à ma souffrance, tu acceptais de faire silence,
pour être présence et accueillir mon être, absent ou présent ?
Et si, face à ma souffrance, tu acceptais mes cris et mes
révoltes, même s'ils te dérangent et sont un non-sens ?
Et si, face à ma souffrance, tu pouvais trouver des mots
pour me rejoindre, malgré le gouffre dans lequel je suis
tombée, des mots qui disent l'amour, des mots qui disent
notre humanité, malgré tout, malgré le non-sens
et la désespérance ?

Finalement, j'ai le sentiment que lorsque je souffre, je ressens et je vis une immense solitude et j'essaie de trouver en dehors de moi quelqu'un sur qui m'appuyer ou quelque chose à quoi m'accrocher. Mais rien n'y fait, je continue à m'enfoncer dans mon mal-être et ma solitude. Si je suis au bord d'un ravin et que je perds l'équilibre, je chercherai instinctivement à me rattraper, soit à la personne qui est la plus proche de moi, soit à un objet. Cependant si je m'agrippe à quelqu'un, il y a de fortes chances pour qu'il tombe lui aussi dans le ravin. Il en est de même pour l'objet. Et si je m'agrippe au bord du ravin, mes bras finiront par lâcher et je tomberai de toute façon. Et s'il en était de même du puits profond de mon mal-être et de ma solitude ? Je tente désespérément de trouver appui ou de m'accrocher à mes plus proches ou à une passion quelconque ou à mon travail. Mais les personnes sur lesquelles je tente de m'appuyer risquent fort de tomber avec moi dans le mal-être, ou alors, par instinct de survie, elles refuseront de me prendre la main. Tout ce qui est à l'extérieur de moi n'est alors qu'un leurre et ne pourra jamais combler entièrement l'abîme sans fond de ma souffrance. Le seul moyen de combler ce gouffre se trouve en moi-même. Il n'y a que moi qui sois capable de trouver où poser mes pieds pour prendre appui. Il n'y a que moi qui puisse trouver ce qu'il y a d'assez solide en moi pour m'y appuyer.

Pour Francine Carrillo, théologienne et auteure, l'Évangile nous appelle à puiser dans les ressources qui nous habitent. Elle l'illustre dans son livre[6] sur la femme Samaritaine[7]. Pour elle, le fait que cette femme laisse son seau au bord du puits pour partir annoncer la Bonne Nouvelle aux habitants de son village, est le signe qu'elle découvre une autre manière de puiser du sens dans sa vie. « Elle découvre que tout est déjà là, déjà donné, dans un espace intérieur qu'elle n'avait pas soupçonné[8] ». La Samaritaine a eu cinq maris, une manière de combler le vide qui l'habitait. Mais grâce à sa rencontre avec le Christ, elle se redresse et découvre qu'elle n'a pas besoin de compter sur les autres pour donner du sens à sa vie. Et ceci est valable pour chacun de nous. Il y a, en nous, de quoi tenir debout dans la vie.

Cependant, cela ne signifie pas que je doive rester seule. Je suis un être de relation. J'ai à bien vivre moi-même et à laisser vivre les autres, tout en étant consciente de l'importance de leur présence, de leur regard, de leur sourire. Une phrase, un mot, un geste de tendresse, suffisent parfois pour m'aider à me retrouver moi-même. Même si personne n'est capable de me rejoindre dans ma souffrance, ni de combler entièrement ma solitude, il peut y avoir une petite ouverture, une brèche, dans laquelle j'ai le sentiment d'être rejointe, un court instant, par l'autre.

6. Francine Carrillo, *Pour une spiritualité de l'insurrection*, Olivétan, 2014.

7. Jean 4, 1-28.

8. Extrait d'une interview de Francine Carrillo, par Emmanuel Rolland, sur le site internet de « la Vie protestante » : www.vpge.ch.

Ma vie est un chemin de solitude, sur lequel j'ai vécu, et je vis encore, des compagnonnages. Des personnes ont fait un bout de chemin avec moi, ont « touché du doigt » ma souffrance et ma solitude. Ces moments, en communion avec l'autre, où nous sentons presque la présence d'un… Autre. Mais nous ne le réalisons parfois que plus tard. Cependant, pour expérimenter ces moments, il vaut mieux ne pas chercher à les provoquer et se contenter de vivre sa vie, ses relations, en étant le plus juste, le plus vrai possible avec soi-même et avec l'autre.

Je rejoins tout à fait Klaas Hendrikse[9] lorsqu'il écrit : « c'est seulement en acceptant notre incapacité foncière à faire quoi que ce soit pour autrui, que nous pouvons peut-être faire quelque chose pour lui. Ce n'est qu'en admettant que nous n'avons rien à dire au chevet d'un mourant que nous pouvons peut-être signifier quelque chose. » Oui, la souffrance est une épreuve d'impuissance. Impuissance de celui qui souffre et impuissance de ceux qui sont à ses côtés. Et j'apprécie celles et ceux qui, face à mes souffrances, disent leur impuissance, leur incompréhension mais qui restent là, malgré tout, dans la nuit de mes doutes et de mes peurs. Car s'il y a bien une chose dont je suis sûre, c'est qu'il n'y a aucune réponse aux questions existentielles qui nous traversent ! Face à ces questions, aux « pourquoi la vie, pourquoi le mal, pour-

9. Klaas Hendrikse, *Croire en un Dieu qui n'existe pas. Manifeste d'un pasteur athée*, Labor et Fides, 2011.

quoi la mort ? », il n'y a aucune réponse possible, il n'y a que le silence. Pas la fuite et l'absence mais la présence vraie, habitée, incarnée, présence silencieuse. Je dis le silence, mais dans certains cas, la parole est attendue, voire nécessaire, car la parole nous rassure, nous humanise, … dans certains cas.

Dans un de ses textes fondateurs, Freud cite un bref dialogue entre un enfant de trois ans et un adulte :

– « Tatie, parle-moi ; j'ai peur, parce qu'il fait si sombre.

La tante l'interpelle :

– À quoi cela te servirait-il ? tu ne me verrais de toute façon pas.

Cela ne sert à rien, répond l'enfant, mais dès que quelqu'un parle, il fait clair[10]. »

Les raisons de l'obscurité ne sont pas précisées. Ce pourrait être les diverses nuits des épreuves que nous traversons. Je ne sais pas ce qui est pire dans les situations de souffrances. Est-ce le silence gêné ou une parole mal à propos ? Quand quelqu'un vient auprès de moi et accepte d'écouter mes souffrances, lorsqu'il me répond : « je comprends », j'ai envie de lui dire : « non, ne dis pas que tu comprends, car tu ne comprends pas. Tu peux entendre, écouter, tu peux essayer de t'approcher le plus possible de ce que je ressens et de ce que je vis, mais ne

---

10. Trois essais sur la théorie de la sexualité ; « *Wenn jemand spricht, wird es hell* » ; G. W. Tome V, p. 126. Note 1.

dis pas que tu comprends». En disant cela, je ne veux culpabiliser personne, car je sais que parfois les mots sortent trop vite de notre bouche et ne traduisent pas ce que l'on voudrait dire. Car autant l'enfant dit «dès que quelqu'un parle, il fait clair», autant pourrions-nous dire également: «lorsqu'untel ou unetelle parle, il peut faire terriblement sombre». Ainsi il n'y a pas de règle, ni de mode d'emploi face à la souffrance d'autrui. Il y a différentes manières d'être là, de la façon qui nous semble la plus juste. Mais il convient surtout ne pas s'imposer.

Maurice Bellet[11], qui a connu la souffrance de la maladie, le dit ainsi: «La parole qui dit l'amour n'est pas la parole qui en parle, c'est la parole qui le donne. Elle peut parler de tout autre chose. Elle peut ne pas avoir l'air aimante. Mais son fruit, pour qui l'écoute, est vie. Voilà ce qui en signe la vérité. On peut parler avec ses mains, avec son regard, avec son silence, avec la simple présence. Et même: avec l'absence nécessaire». Ceci n'est pas uniquement valable dans l'épreuve de la maladie. Car dans tous les moments de notre vie, en famille, entre amis ou au travail, notre manière d'être – que nous soyons présents ou absents – dit notre bienveillance et notre amour pour autrui, mais aussi, parfois, le contraire. Ces derniers temps, j'ai été touchée par deux témoignages à ce sujet.

---

11. Maurice Bellet, *L'Épreuve ou le tout petit livre de la divine douceur*, Desclée de Brouwer, 1988.

Le premier est celui d'un adolescent que j'ai connu lorsqu'il avait environ 8 ans, au cours de mon ministère paroissial. Il a aujourd'hui 15 ans et il m'a envoyé ce message : « merci pour tout l'amour que tu m'as apporté. Sans toi je ne serais pas ce que je suis aujourd'hui, je n'aurais pas cette foi et cette capacité d'aimer ». Je ne lui ai jamais donné d'enseignement particulier. Ce qu'il a reçu de moi vient certainement de ma manière d'être.

Le second vient de deux catéchumènes qui, à la sortie d'un culte présidé par une femme pasteure, disaient ne rien avoir compris ni suivi de la prédication mais trouvaient la pasteure formidable car, lorsqu'elle était en chaire, elles avaient le sentiment d'être aimées par elle. Ces jeunes filles voyaient l'amour sans entendre ce qui se disait en mots.

L'amour ne se dit pas seulement avec des mots, il se dit aussi par notre attitude, par notre manière d'être – d'autant que le chemin de la parole n'est pas aisé. Et s'il est difficile de trouver les mots pour dire l'amour, ne l'est-il pas aussi pour parler de son expérience de détresse et de désespoir, au cœur de la souffrance et de la maladie ?

Cette souffrance peut-elle se dire et trouver une oreille qui l'écoute ?

Quel pourrait être le chemin d'une telle parole ?

Comment peut-elle advenir et sous quelle forme ?

Certains parleront à un thérapeute, d'autres à un

proche, d'autres à un accompagnant spirituel. Pour ma part, j'ai essayé de trouver le chemin des mots en les couchant sur le papier, en écrivant. Oui, il m'est difficile de trouver les mots pour dire mes souffrances. Une nuit, alors que je n'arrivais pas à dormir, j'ai écrit ce texte pour décrire un peu ma souffrance du moment.

Allongée sur mon lit
Depuis longtemps il fait nuit.
J'aimerais m'endormir
Pour moins souffrir.
Avec peine je respire
Je me débats, je soupire.
Les secondes sont des heures
Mes draps sont trempés de sueurs
Je suis envahie par la peur
Dans cette nuit d'angoisse et de douleur.
Il y a des mains qui m'étranglent
Qui m'écorchent et me sanglent.
Ce sont les mains de l'obscurité
Qui m'ont agrippée.
Je peux gémir mais pas crier
Vers ce Dieu qui m'a abandonnée.
Je veux seulement dormir pour moins souffrir
Si c'est impossible je préfère mourir.
J'attends, seule, face à cette obscurité
Qui se joue de moi et tarde à me tuer.

Le regard dans le vide
La bouche sèche comme une terre aride
Les yeux remplis de larmes
J'ai rendu les armes.
Pourquoi dois-je sombrer ?
Pourquoi dois-je encore espérer ?

Mais dans les turbulences de ma vie, n'ai-je pas essentiellement besoin de trouver quelqu'un qui m'écoute, qui m'offre l'hospitalité intérieure ? Au cœur de mes souffrances, je n'attends ni conseil, ni parole pieuse. Mais j'attends que place soit faite à une parole authentique ! Pour cela, celui qui écoute doit savoir qu'écouter vraiment, c'est être dans une posture de non-savoir et de dessaisissement. Je suis un peu comme Job qui, exténué par toutes les justifications que ses amis voulaient donner à sa souffrance, s'écrie : « Écoutez sérieusement ce que j'ai à dire, je n'attends pas d'autre consolation de vous. » (Job 21, 2). Alors, à tous ceux qui cherchent à justifier ma maladie, en me disant qu'elle est une épreuve envoyée par Dieu pour éprouver ma foi, ou qu'elle est la conséquence de mes actes, de mes erreurs. À tous ceux qui me disent que si j'ai la foi, je devrais guérir ou avoir la force de me tenir droite dans la traversée de cette épreuve, sans vaciller ou encore rester en paix intérieure malgré les turbulences. Oui, à tous ceux-là, j'aimerais dire, comme Job : *Pourquoi donc ne pourrais-je perdre patience ? Penchez-vous sur mon cas : vous serez stupéfaits ; la main sur la bouche, vous ne direz plus rien. Quand je pense moi-même à tout ce qui m'arrive, je suis épouvanté et pris de tremblement*[12].

Le souffrant a le droit d'être traversé par la révolte, la peur, les cris, les doutes. C'est cela qui fait de lui un humain. Toute vie est fragmentaire et traversée par des turbulences. Si je traversais les épreuves sans sourciller, sans être ébranlée, je ne serais pas humaine – un être sensible et capable d'émotions. Avoir la foi, n'empêche pas d'éprouver des émotions. Jésus lui-même a pleuré, a été ému aux entrailles dans certaines situations. Il a éprouvé de la tristesse à l'approche de sa mort : *mon cœur est plein d'une tristesse de mort*[13]. Avoir la foi n'empêche pas non plus de douter, de se décourager, ou même de désespérer à certains moments. Sur la croix, Jésus a douté de la présence de Dieu en criant *mon Dieu, mon Dieu, pourquoi m'as-tu abandonné ?* Et juste avant, il a prié son Père pour – si c'était possible mais selon sa volonté – ne pas avoir à traverser cette douleur. Jésus n'était donc pas insensible à la douleur, ni à la sienne, ni à celle des autres. Alors pourquoi devrais-je l'être ?

Je ne voudrais pas minimiser la souffrance, en disant que de toute façon elle fait partie de la vie et que tout le monde doit souffrir un jour ou l'autre ! Certes la souf-

---

12. Job 21, 4-6.
13. Mt 26, 38.

france fait partie de la vie et cela dès la naissance ; il suffit d'entendre les cris du nouveau-né. Cependant, chaque souffrance doit nous révolter et ne jamais être banalisée. L'être qui souffre est aussi là pour nous rappeler que l'important dans nos vies est le chemin que nous faisons pour nous rapprocher de celui qui souffre, sans jamais parvenir à le rejoindre complètement. Et nous devons, autant que possible, nous tenir là, présents, quoiqu'impuissants, plutôt que fuir et nous tenir à distance. Je sais que ce n'est pas facile de rester auprès de celui ou de celle qui souffre. D'autant que la souffrance de l'autre me renvoie souvent à mes propres souffrances ou à mes propres faiblesses – que j'en aie conscience ou non. D'autant que si la souffrance de l'autre me fait également souffrir, je n'ai parfois pas d'autre choix que de garder mes distances avec lui, pour me préserver, tout en l'assurant de ma tendresse et de ma compassion [14], malgré tout.

Certains semblent absents et loin de moi durant cette traversée de la maladie, mais je sais que parmi eux il y en a qui prient pour moi – une manière de penser à moi. Dieu serait-il le seul capable de vraiment se tenir là, présent, à mes côtés et de souffrir avec moi, comme le disent beaucoup de croyants ?

---

14. J'utilise le mot de *compassion* dans son sens étymologique de « *souffrir avec* ». Il ne s'agit pas d'avoir pitié, mais de ressentir une souffrance en voyant l'autre souffrir. C'est une façon de souffrir avec lui sans s'identifier à sa souffrance qui reste bien différente de celle que je ressens.

En quel Dieu est-ce que je crois ?

La maladie est aussi pour moi une épreuve spirituelle. Car imaginer ou savoir Dieu présent à mes côtés ne soulage aucunement mes douleurs. Je préfère la présence chaleureuse de mon compagnon ou de mes amis. Eux, qui sont bel et bien présents à mes côtés, me réconfortent parfois. Cependant, cela ne me soulage pas entièrement. Alors comment Dieu, que je ne vois pas, que je n'entends pas, dont je ne sens pas la présence, pourrait-il me réconforter ? Ceci est peut-être choquant et révoltant pour ceux qui ont la foi. Mais je partage ici ce que j'ai ressenti avec effroi et qui m'a arraché bien des larmes, jusqu'à me faire dire : « j'ai perdu la foi ».

En tant que pasteur, ce sentiment d'avoir perdu la foi m'a beaucoup désorientée. Sur quoi alors fonder ma vie, mon ministère ? Je me suis replongée dans la lecture du livre de Klaas Hendrikse, *Croire en un Dieu qui n'existe pas*. Malgré le titre, ce pasteur ne cherche pas à montrer que Dieu n'existe pas en tant que tel, mais qu'il n'existe pas de la manière dont nous nous le représentons selon nos diverses croyances. Il nous fait revenir aux préoccupations de l'humain avant tout. J'ai lu aussi *l'Autre Dieu* [15] de Marion Muller-Collard. Ces deux livres m'ont aidée à prendre conscience que je ne pouvais effectivement plus croire dans le Dieu en qui je croyais, car l'image que j'en avais correspondait à un moment donné de ma vie. Mais peut-être pouvais-je encore croire en... un Autre Dieu, ou en d'autres forces de Vie ancrées dans mon humanité ?

Car oui, tiraillée par les douleurs, j'ai crié et je crie encore vers Dieu, pour qu'il me soulage, pour qu'il me délivre du mal qui me ronge. Mais aucune réponse, aucun soulagement ! Est-ce qu'il m'entend ? Me voilà en pleine contradiction. Si de mes proches humains, j'attends parfois une écoute silencieuse ou une écoute qui ne donne pas de conseils ni de réponses toutes faites, pourquoi est-ce que j'attends une réponse de la part de Dieu ? Ne pourrait-il pas, lui aussi, être simplement à mon écoute et accueillir mes souffrances, avec hospitalité, en étant tout aussi démuni et sans voix que mes proches humains ? Avant cette traversée de la maladie, j'aurais dit que Dieu entend celui qui souffre et qu'il souffre avec lui et donc avec moi. C'est ainsi qu'il m'aide, car je ne suis pas seule.

Dans le tourment de ma vie
La douleur me déchire et je crie
Toi Jésus, torturé sur la croix
Tu souffres et tu cries avec moi.

---

15. Marion Muller-Collard, *L'Autre Dieu*, Labor et Fides, 2014.

Dans l'angoisse de l'abandon
Je tombe dans un vide sans nom
Toi Jésus, l'angoisse et le néant
Tu les éprouves avec moi en mourant.

Dans les larmes du désespoir
Je me perds et tout est noir
Toi Jésus, tu as pleuré aussi
Pour moi et pour Lazare ton ami.

Dans mes peurs du lendemain
Et dans mes nuits sans matin
Toi Jésus, tu me montres ta croix
Vide, tu n'es plus accroché sur le bois.

Pourquoi ?

Pourquoi n'ai-je pas cru ?
Pourquoi n'ai-je pas vu
Tes bras ouverts pour moi
Sur le bois de la croix ?

Pourquoi ai-je refusé
Ton amour ainsi donné ?

Ta croix est vide aujourd'hui
Mais elle porte mes souffrances et mes cris
Tous ces mots que je n'ai pas dits
Tous ces fardeaux de ma vie.

Cependant aujourd'hui, au cœur de la maladie, me dire que Dieu souffre avec moi, que Jésus porte mes souffrances sur la croix, ne me donne aucun soulagement, cela n'allège en rien mes douleurs physiques ! Si je crie encore vers Dieu, c'est en le suppliant de me pardonner. Car me traverse la pensée que si je souffre ainsi c'est que j'ai dû faire quelque chose de mal, j'ai dû pécher contre Dieu. Là encore, quelle horreur ! Jamais auparavant, non jamais, je n'aurais pensé une chose pareille. J'ai toujours pensé qu'il n'y avait pas de lien entre la souffrance et une éventuelle punition de Dieu. Pour moi Dieu n'envoie aucune épreuve, car il est amour et compassion. Lorsque je visitais des personnes malades qui doutaient de cela, je répondais que je ne croyais pas que Dieu pouvait punir en envoyant la maladie, que je ne savais pas d'où elle venait, mais que je croyais en un Dieu bon qui souffre avec le malade. Et je disais haut et fort qu'on ne pouvait pas justifier la maladie, lui trouver une cause, qu'elle faisait partie des questions sans réponse, comme tout ce qui touche à la vie et à la mort.

Je fais facilement mienne cette phrase d'Éric-Emmanuel Schmitt dans *Oscar et la dame rose* : « Il n'y a que les questions sans intérêt qui ont une réponse définitive[16] ». Mais je découvre que lorsque je suis fortement éprouvée dans mon corps, lorsque je souffre et que la

---

16. Éric-Emmanuel Schmitt, *Oscar et la dame rose*, Paris, Albin Michel, 2002, p. 91.

souffrance s'installe durablement, il arrive un moment où ce doute s'insinue dans mon esprit : qu'ai-je fait pour mériter cela ? Et si aucun médecin ne trouve, ni l'origine de la douleur, ni comment la soulager, alors il faut bien trouver un coupable : Est-ce moi ou est-ce Dieu ? J'ai un peu honte d'avoir pensé ainsi. Mais pourquoi ? Cela fait partie de ce que j'ai traversé et de ce qui m'a torturée aussi. Heureusement, quand je retrouvais un peu mes esprits, j'avais un fondement sur lequel m'appuyer : il n'y a aucune justification à la souffrance, je dois accepter qu'elle soit un mystère. Si je me tourne encore vers Dieu, c'est peut-être seulement parce que j'ai encore l'espérance qu'il peut me délivrer de cette souffrance !

Le peut-il ?

N'est-ce pas uniquement la médecine qui le peut ?

Me voilà encore questionnée dans ma foi.

Le doute a toujours été là, en moi,

Car il fait partie de la foi…, selon moi.

Lorsque j'ai traversé d'autres périodes de tempêtes, de doutes, de crises existentielles, d'angoisses, de souffrances psychiques, j'ai plus d'une fois crié « mon Dieu, mon Dieu, pourquoi m'as-tu abandonnée ? » Comme je l'ai déjà écrit, cette Parole du Christ sur la croix nous montre que même lui a ressenti l'absence de Dieu, à l'approche de sa mort. C'est une question sous forme de reproche. Jésus ressent réellement que Dieu l'a abandonné et il lui demande « pourquoi ? » Éternelle question du « pourquoi » sans réponse. Dieu lui-même ne donne pas de réponse, car Dieu reste une question. Personnellement, cela me fait du bien de savoir que même le Christ a connu ce moment de doute et qu'il a éprouvé l'absence de Dieu.

À midi, l'obscurité se fit sur tout le pays et dura jusqu'à trois heures de l'après-midi. Vers trois heures, Jésus cria avec force : « Mon Dieu, mon Dieu, pourquoi m'as-tu abandonné[17] ? »

N'avez-vous jamais ressenti ce besoin de crier cette angoisse, ce silence pesant que l'on aimerait briser ? Mais les mots restent coincés dans la gorge. Parole déchiquetée, indicible, inaudible, oubliée. Ce cri, Jésus l'a poussé pour nous : *Mon Dieu, mon Dieu, pourquoi m'as-tu abandonné ?*

Pour tous les sans-voix, pour les oubliés, pour les persécutés, pour les torturés, Jésus crie : *Mon Dieu, mon Dieu, pourquoi m'as-tu abandonné ?*

Pour tous les enfants, à qui on a volé l'innocence et les rêves, pour tous les enfants privés d'amour et de tendresse, pour tous les enfants condamnés au silence, Jésus crie : *Mon Dieu, mon Dieu, pourquoi m'as-tu abandonné ?*

Dans les traversées de désert et de solitude extrême, je me demande où est mon Dieu. Au fond de moi, quelque chose me dit qu'il est là, malgré tout et que la vie est possible.

---

17. Matthieu 27, 45-46.

Dieu mon consolateur
Viens dissiper mes peurs
au plus profond de mon cœur
Là où tout est douleur
Dépose ta douceur
comme un baume sur ma vie
une lumière dans ma nuit.

Si je n'ai plus d'espérance
avec tendresse et patience
Prends-moi dans tes bras
et redis-moi tout bas
que jamais tu ne m'abandonneras
et que ton amour sera toujours là

O Dieu je crie vers toi
Toute la révolte qui est en moi
Entendras-tu la voix
de tous mes pourquoi ?
Jésus, au pied de ta croix
Je dépose avec foi
les larmes et la tristesse
de cette vie qui me blesse.
Si je tombe et que j'oublie
Ta promesse de vie
O Jésus ressuscité
Viens toi-même me relever
Prends moi par la main
Pour m'emmener vers demain.

Mais aujourd'hui, à l'heure où la souffrance dans mon corps est insupportable, la foi, ma foi, est-elle vraiment une aide ? Dieu est-il un soutien ? Ma foi semble vaciller. Sur qui, sur quoi puis-je m'appuyer ? Les plus proches qui m'aiment et me disent leur amour, ce sont eux mes soutiens. Celles et ceux qui me disent prier pour moi sont aussi une aide, surtout lorsque je n'arrive plus à prier moi-même. Pourquoi ? Ai-je honte devant Dieu ? Est-ce que je ne crois pas qu'il puisse faire quelque chose pour moi ? Mais finalement, qu'est-ce que je sais de Dieu ? Rien ! Je ne peux que recevoir le témoignage de ceux qui racontent leur propre expérience avec Dieu.

Dans le cas du mal-être que j'ai éprouvé dans le passé, je pouvais me dire que c'était la faute de certaines personnes de mon entourage ou ma propre faute, avec mes difficultés à pardonner, à dépasser les épreuves. Mais aujourd'hui, cette maladie, de qui est-elle la faute ? De personne. Ou serait-ce de la mienne, comme certains semblent le penser, à cause de mon stress, de mes mauvaises habitudes de vie, de ma mauvaise alimentation, de ma colère non exprimée ? Oui, peut-être est-ce à cause de tout cela, donc de ma faute en quelque sorte. Mais je répondrai que j'ai vécu comme je pouvais, avec les armes qui m'ont été données, avec ce que je suis. Nous ne sommes pas tous égaux dans la vie, selon notre lieu de naissance, selon les événements auxquels nous sommes confrontés. Pour tous, dans la vie, il y a des rires et des larmes, des hauts et des bas. Mais pour certains il y a plus de pièges, de virages, de montées difficiles que pour d'autres. Cependant je me rends compte que je suis responsable de ma vie, de ce que j'en fais, et je peux choisir d'avancer sur mon chemin de vie, sans savoir ce qu'il y a devant. Ce qui est sûr c'est que devant, pour tous et pour chacun, il y a la vie et il y a la mort. Car être vivant, c'est potentiellement pouvoir mourir à chaque instant.

Je repense souvent à cette maman qui m'avait dit lors de la préparation du baptême de son fils de quelques mois : « lorsque je l'ai mis au monde, j'ai réalisé que je lui donnais la vie mais aussi la mort, car il pouvait mourir… C'était très fort, j'ai pleuré. »

Je vis dans l'incertitude, l'incertitude la plus totale. Bienvenue dans le monde des adultes ! Car finalement il n'y a que les petits enfants pour avoir des certitudes, croire qu'ils sont tout-puissants, que tout est possible, que leurs parents sont invincibles, que le Père Noël existe. Mais en grandissant, j'ai affronté la réalité : il n'y a aucune certitude. Tout ce que j'ai, ceux et celles que j'aime et même ma vie – je peux tout perdre demain. Et ceux qui perdent un proche, un très proche, un conjoint, un enfant, le savent bien, leur vie bascule, plus rien ne semble possible et il leur faudra du temps pour réapprendre à vivre malgré tout. Mais plus rien ne sera comme avant, la vie rêvée à un moment donné n'existera pas ; il faudra en vivre une autre. Ceux qui perdent leur maison dans un incendie, ou lors d'une inondation, découvrent, parfois incrédules, que la maison qu'ils possédaient n'était pas, elle non plus, une certitude. Lorsque j'étais petite, je rêvais d'être mariée, d'avoir des enfants, une belle maison et de travailler comme institutrice de maternelle. Ce rêve, que je caressais, m'a sans doute permis de vivre et d'avancer. Mais arrivée à l'âge adulte, je n'ai rien de tout cela et je suis en proie – comme bien d'autres – à de nombreuses incertitudes.

Je suis parfois traversée par bien des doutes quant à mes choix de vie, sur le plan personnel ou professionnel. Nombreuses, par exemple, sont les personnes qui ne s'épanouissent pas dans leur travail et qui se demandent si elles n'auraient pas dû faire autre chose. Tout est incertitude ! Et je dois accepter cette réalité, sans qu'elle ne m'envahisse et ne devienne source d'angoisses qui me paralysent. Assaillie par ces doutes et fragilisée par la maladie, l'incertitude de la présence de Dieu à mes côtés m'a tout à coup semblé très insécurisante.

Un jour j'ai dit à un ami pasteur ma difficulté à prier, voire mon impossibilité de prier durant l'épreuve de la maladie. Il ne m'a fait aucun reproche, il m'a simplement assuré qu'il priait pour moi et il a partagé avec moi ce texte d'un jeune homme de 19 ans.

Maintenant, la prière ne représente plus rien pour moi. On m'avait dit que c'était une conversation avec Dieu, mais je ne l'ai jamais entendu. Si j'ai cessé de prier c'est que je ne suis pas une machine, un moulin à prière, que cela prend du temps et je préfère me poser des questions sur mon existence plutôt que de correspondre avec un être qui est toujours absent et dont la présence dans la pensée est toujours entachée de la personnalité de celui qui croit.

Pour ma part, je ne dis pas que j'ai cessé de prier mais que prier est devenu difficile, voire impossible. Et peut-être est-ce aussi parce que je me pose trop de questions sur mon existence ou que je n'assume pas l'image de Dieu que je projette dans la prière, ou celle qui est projetée dans nos Églises. Alors je m'interroge. Quelle est ma foi ? *En quel Dieu est ce que je crois ?* Est-ce le même que celui en qui je croyais ? Je n'ai qu'une image de Dieu, ma propre image, selon ce qui a été mis comme croyances dans mon sac à dos au cours de mon enfance. Croyances qui ont évolué avec ce que j'ai vécu dans ma jeunesse puis à l'âge adulte. J'en ai enlevé de mon sac à dos et j'en ai mis d'autres.

« Le Dieu d'un adulte n'est pas celui de son enfance ou de son adolescence. », écrit Klaas Hendrikse[18]. Pour lui, notre expérience de Dieu varie selon les périodes de notre vie, elle est un élément constitutif de notre histoire. C'est pour cela que l'image que j'ai de Dieu est façonnée par mes expériences, mon éducation, mes peurs, mes espoirs, mes désirs, mes doutes. C'est pourquoi cette image est unique ! Et chaque fois que je dis, ou que j'écris,

18. Klaas Hendrikse, *op. cit.*

le mot Dieu, je parle de « mon Dieu », c'est-à-dire de l'image que je me fais de Dieu. « Je parle de mes expériences que j'associe à ce que j'appelle Dieu [19] ». Il y a un seul Dieu, mais chacun de nous a une image de Dieu qui lui est propre, selon son vécu, ses croyances.

Comment alors nous comprendre, nous rejoindre ? Dès que je dis « Dieu », ne suis-je pas en train d'établir une distance avec celui à qui je parle ? Autrement dit, si je souhaite vous parler de Dieu, je ne peux que parler du Dieu en qui je crois, qui sera différent du vôtre. Et si nous souhaitons nous rejoindre, nous devrons essayer de mettre des mots sur ce que nous entendons, chacun, par « Dieu ». Mais si j'essaie de mettre des mots pour expliquer mon Dieu, je l'enferme alors dans la représentation que j'ai de lui. Or Dieu, selon ce que la Bible m'en dit, est bien plus grand que cela et ne se réduit à aucune représentation. « Le Dieu en qui je crois » n'existe donc que dans mon ressenti, dans la relation que j'ai avec lui et avec autrui.

J'ai ressenti cela de manière très forte un jour où je pratiquais une méditation en pleine conscience. Cette méditation m'invite à me recentrer sur moi, sur ma respiration, sur mes ressentis corporels et émotionnels. Lorsque j'éprouve une douleur, je ne lutte pas contre elle, mais je reconnais simplement qu'elle est là. Il ne s'agit pas de se réjouir qu'elle soit là, mais de dire « oui,

19. *Ibid.*

j'ai mal, oui la douleur existe» et même «oui, j'ai le droit d'être en colère parce que j'ai mal». Car en luttant contre la douleur, je la renforce, je lui donne plus d'espace. Alors qu'en reconnaissant sa présence je la laisse à sa juste place et je découvre alors que d'autres parties de mon corps sont là, non souffrantes. Je ne me réduis pas à la douleur que je ressens ! C'est donc au cours d'une de ces méditations en pleine conscience que j'ai perçu une présence divine en moi, comme une lumière. J'ai pleinement ressenti la Vie ! Était-ce la présence de Dieu ? Émue, j'ai réalisé combien il était pour moi inutile de chercher Dieu ailleurs, ailleurs qu'en moi-même et en l'autre, mon prochain. Connectée à moi-même, en toute sincérité, avec le plus de justesse possible, je peux alors être connectée aux autres, à l'Autre, au Tout-Autre.

Pourquoi ?

Non pas pourquoi moi ? Mais pourquoi la maladie ? Pourquoi maintenant ? Oui pourquoi maintenant alors que ma vie semblait prendre un sens, alors que l'avenir me paraissait plein de promesses : m'installer avec l'homme que j'aime, entrer dans un nouveau ministère – l'aumônerie des hôpitaux – auquel j'aspirais depuis longtemps. Pourquoi ?

Est-ce pour me dire que ma vie ne sera jamais belle, tranquille et apaisée ?

Est-ce pour me dire que je n'ai pas le droit d'être heureuse ?

Bien sûr que non ! Enfin..., je l'espère !

Je sais bien qu'il n'y a pas de réponse à ces questions.

Pourquoi la vie ?

Pourquoi la mort ?

Pourquoi la souffrance ?

Pourquoi Dieu ?

Et heureusement qu'il n'y a pas de réponse. Qui pourrait justifier la maladie ou la mort d'un enfant, par exemple ? Accepter le non-sens, accepter de ne pas comprendre, de ne pas savoir.

Cependant, l'être humain est un créateur de sens. J'ai besoin de donner du sens à ce qui m'arrive. N'était-ce pas la raison pour laquelle je me tournais aussi souvent vers Dieu ? Parce qu'il donnait sens à ma vie ? Mais si mon besoin est de trouver du sens, il ne s'agit alors peut-être plus de dire « pourquoi ? » face à l'épreuve, mais de dire « pour quoi ? ». Le « pourquoi » renvoie à la cause, la source, alors que le « pour quoi » renvoie à la conséquence, à la direction finale, au but en quelque sorte. La question « quel sens est-ce que je donne à ce qui m'arrive ? » signifie alors « il m'arrive quelque chose, qu'est-ce que j'en fais pour ma vie présente et à venir ? » Je ne sais pas encore quel sens donner à ma maladie, le « pour quoi » de ma maladie, car je ne l'ai pas encore traversée entièrement. Je pense que je suis encore trop dans le combat ! Mais je sais qu'aujourd'hui j'ai appris à être à l'écoute de mon corps et à prendre soin de moi. J'apprends aussi chaque jour à accepter mes limites, à vivre avec, tout en les effleurant pour tenter de les repousser un peu. Et surtout, je ne cherche pas le « pour quoi » de ma maladie dans le futur, ni le « pourquoi » de ma maladie dans le passé, mais je vis aujourd'hui, dans le présent, dans l'instant même !

Et parfois, je trouve la force de me révolter ! Me révolter contre la maladie, contre Dieu, contre la médecine qui ne sait pas me soulager. Mais c'est aussi contre moi-même que je me révolte. Je m'effondre, je m'en veux de ne pas être assez forte, je m'énerve contre ce corps qui me fait mal, qui ne me porte plus et parce que je ne trouve plus les forces en moi. Alors j'en appelle à d'autres forces, des forces extérieures : la force de l'amour, de la vie, de Dieu – de son humanité, de sa compassion, de sa fragilité.

Une femme originaire d'Afrique du Nord, que j'ai un jour croisée à l'hôpital en tant qu'aumônier, m'a dit : « je pense que Dieu a besoin de nous pour qu'on prenne soin de lui. Parfois j'ai envie de le serrer dans mes bras pour le rassurer. »

Je lui ai alors demandé : « vous pensez que Dieu a besoin qu'on prenne soin de lui ? Qu'il a besoin d'être rassuré ? ».

« Oui ! m'a-t-elle répondu. Regardez tout ce qui se passe dans le monde ! Dieu doit être triste ! »

Notre conversation a dû s'interrompre car nous n'étions plus seules.

Je n'ai jamais cru en un Dieu tout puissant, au sens où il serait capable d'intervenir pour sauver les êtres humains, pour stopper un conflit, mais j'ai cru en un Dieu d'amour, de relation, de tous les possibles malgré tout. Je crois aussi que Dieu a besoin des humains, car c'est à travers nous, à travers nos relations, qu'il peut exister, être présent sur terre.

Dans plusieurs récits bibliques, dont celui d'Ézéchiel, Dieu interpelle son peuple en disant : « vous saurez que je suis le Seigneur[20] ». Dieu aurait besoin de nous pour être reconnu comme Dieu. A-t-il besoin d'être consolé par nous ? Je ne sais pas. J'ai pour ma part le sentiment d'avoir moi-même besoin d'être consolée par lui. Dieu, est-ce lui qui me donne la force et le courage de continuer à vivre, alors que par moments je demande la mort ? Mourir plutôt que souffrir ! Jésus, Fils de Dieu, mort sur la croix, peut-il comprendre mes souffrances ? Certains disent qu'il les porte même pour moi, qu'il les a portées sur la croix.

En moi monte une rage[21],
Une douleur qui me ravage
Me détruit de l'intérieur
Me blesse l'âme et le cœur.

Lancer un cri libérateur
Qui devienne porteur
D'un possible
Malgré l'impossible
Apparence
De toute espérance.

« Mon Dieu, mon Dieu, pourquoi m'as-tu abandonné ? »
C'est le soupir du Christ sur la croix
Le cri de la douleur et de l'effroi

20. Ézéchiel 37, 6.
21. Marianne Guéroult, *Le cri de la croix*, avril 2011.

Le cri de tous les blessés dans leur humanité.
C'est le cri que je voudrais pousser
Pour transpercer le silence
Pour dépasser les souffrances
De mon être abandonné.

Sur ce chemin de vie
De déchirures et de cris
Je ne vois que le bois sec de la croix
Qui dit la mort, l'échec et le désarroi.

Pourtant j'ai croisé sur ce chemin
Des arbres qui reprenaient vie
Recouverts de fleurs petit à petit
Ils me disaient le possible lendemain.

Si de ce bois mort en apparence
La vie peut vraiment renaître
Ne serait-ce pas une espérance
Malgré le désespoir de tout mon être ?

Savoir que des signes de vie seront donnés
Pas à pas, comme des bourgeons de printemps
Qu'on ne peut jamais maîtriser ni commander
Mais seulement accueillir de temps en temps

Au cœur de l'errance et des pourquoi
Se souvenir simplement de la croix.

Je ne crois pas que le Christ ait porté nos souffrances sur la croix. Il a souffert lui-même, comme beaucoup d'autres êtres humains souffrent. Pourquoi dit-on que le Christ a porté nos souffrances sur la croix, alors que je souffre aujourd'hui tellement ? Pourquoi dit-on qu'il est mort pour nous, alors que sa mort n'empêche aucunement ma mort ni celle des autres ? Je crois qu'il est mort en notre faveur et donc en ma faveur, c'est-à-dire pour donner sens à sa vie et donc à la mienne, à la nôtre. Pour que je puisse me souvenir de sa vie terrestre et du message d'espérance et d'amour qu'il est venu partager avec l'humanité.

Il y a ceux qui disent que Dieu me guérira, que Dieu a le dernier mot. Cela me laisse perplexe. Pourquoi me guérirait-il moi et pas d'autres ? Et si je meurs ? Est-ce Dieu qui l'aura voulu ? Si je crois en la guérison, c'est parce que, grâce à certaines personnes, je sais que j'ai tout en moi pour guérir. Mais c'est aussi parce que j'arrête de me projeter vers la guérison, j'accueille ce qui est là au moment présent, à chaque instant, j'accueille le fait d'être aujourd'hui vivante. Est-ce un manque de foi ? Peut-être. Mais c'est ma foi. Elle résulte de mon histoire et de ma relation personnelle et intime avec Dieu. Ma foi est remplie de doutes ! Sinon je ne pourrais pas dire « je crois ». Dire « je crois » signifie qu'il n'y a aucune preuve et que cette affirmation est de l'ordre du ressenti, de la conviction intime. Conviction ne voulant pas dire certitude !

Je ne sais pas quand, ni comment, ni si réellement Dieu est présent ou pas dans ma vie. Je ne peux pas l'enfermer dans une certitude et dire « là c'est Dieu qui a agi ». Oui je me dis parfois, après coup, que j'ai connu un moment de grâce, que j'ai été portée, inspirée. Mais ce n'est pas par ma propre volonté, ni parce que j'ai prié ou convoqué Dieu. Car je crois que si Dieu existe, il me donne gratuitement, sans que je le sache. Je crois que « l'Esprit Saint souffle où il veut, quand il veut ». Et qui suis-je pour dire que Dieu ou son Esprit sont là, en telle personne, en telle action ? Je ne peux que le croire et l'espérer, sans certitude.

Pourquoi, lorsque quelque chose de bien arrive, je dirais merci à Dieu et quand une épreuve arrive, ce ne serait pas Dieu, ou alors ce serait Dieu qui veut éprouver ma foi, pour me rendre plus forte ? Non, je ne sais pas ! Je ne sais pas quand c'est Dieu qui agit, qui donne, qui prend. Je crois seulement qu'il agit, qu'il donne, gratuitement, par grâce. Mais où, quand, comment, je ne sais pas. Dieu est un mystère, je ne peux pas, je ne dois pas, l'enfermer, vouloir le maîtriser, le définir. Je peux seulement dire ce que je crois.

Comme je l'ai écrit précédemment, Dieu est une question. Mon Dieu est une question sans réponse. Je ne sais pas s'il existe. Je me sens comme Thomas, le disciple de Jésus, qui n'a pas vu Jésus lorsque celui-ci est apparu aux disciples après sa résurrection. Thomas dit ne pas croire en la résurrection du Christ tant qu'il ne le verra pas lui-même[22]. Il lui faudra attendre une semaine pour voir Jésus et pouvoir dire « je crois », recevoir, lui aussi, la paix du Christ. Le texte nous dit qu'une semaine s'est écoulée entre les deux apparitions de Jésus, mais quel que soit le temps, cela a dû être une période terrible pour Thomas, période de doutes, de questionnements, d'angoisses… Faut-il croire ? Ne pas croire ? Sur quoi s'appuyer ? Personnellement, pour parler de mon Dieu, je peux m'appuyer sur le texte biblique, en le recevant comme un témoignage de ceux qui ont cru avant moi, qui ont vécu dans le doute, le questionnement et l'espérance. Là je découvre un Dieu aux multiples facettes selon les témoignages des différents auteurs de la Bible. Je voudrais retenir, peut-être parce que c'est ce dont j'ai besoin, l'amour que Dieu donne et nous demande d'avoir les uns pour les autres. En effet, je ne peux ressentir l'amour de Dieu pour moi que grâce à l'amour que je reçois de celles et de ceux qui m'en donnent.

Je découvre aussi que Jésus-Christ peut se faire proche de moi dans mes souffrances parce qu'il a vécu le rejet, la haine, l'humiliation et les souffrances jusqu'à la mort. Il est pour moi celui qui nous rejoint sur nos chemins de vie, comme il a rejoint les disciples sur le chemin d'Emmaüs[23]. Ce texte, très juste, est pour moi essentiel à mon ministère d'accompagnement. En effet dans ce

22. Jean 20, 24-29.
23. Luc 24, 13-35.

récit, Jésus s'approche doucement des disciples qui sont dans la peine et le deuil. Il prend le temps de les écouter, de leur parler. Le partage va jusqu'au partage du pain qui permettra aux disciples de le reconnaître et qui, surtout, les remettra en route. Puis Jésus s'en va, en les laissant continuer leur chemin. Ce texte est pour moi un très bel exemple du « bout de chemin », du compagnonnage, que j'espère réaliser lorsque je visite des malades.

Je peux croire que Jésus-Christ est présent dans nos relations mutuelles car il a vécu au cœur des relations humaines, avec leur complexité et leur beauté. Je peux croire que l'Esprit saint souffle où il veut et quand il veut et que je ne sais pas le reconnaître. L'Esprit saint étant le Souffle de vie que Dieu seul donne et sans lequel nous ne sommes que des ossements desséchés[24]. Et puis je crois en l'humain, en nos capacités à aimer, à nous rencontrer, à nous respecter. Mais malheureusement je crois aussi en nos forces destructrices qui peuvent aller jusqu'à la mort.

Finalement, le Dieu en qui je crois est comme une présence de vie qui se trouve en moi. Nulle nécessité alors d'aller chercher des réponses à mes questions auprès d'un Dieu qui existerait ailleurs dans l'univers. Car si Dieu existe, il n'existe qu'au cœur de mes relations humaines, c'est donc là qu'il me faut chercher, cheminer et vivre. Chercher Dieu ailleurs que dans l'humanité installerait Dieu en dehors de mon existence.

---

24. cf. Ézéchiel 37, 1-14.

La relation à l'autre

Si ce n'est que dans mon prochain qu'il m'est possible de rencontrer Dieu, cela me convient, puisque la relation à l'autre a toujours été au cœur de mon ministère pastoral ! Elle est aussi aujourd'hui au cœur de mon activité lorsque j'anime des stages de clown et développement personnel.

Mes pensées se tournent vers ces années de mon ministère dans le cadre du *Projet Mosaïc* à la *Fédération Protestante de France*, au contact de mes frères et sœurs de diverses cultures et de diverses théologies. Ils m'ont fait voyager ! Voyager en moi-même, voyager vers eux et avec eux. À leur contact, ai-je été caméléon, en m'adaptant à tous, ai-je été berger, en accompagnant différents troupeaux, sans jamais me confondre avec eux ? Peut-être un peu les deux. J'espère être restée moi-même tout en me construisant avec eux.

J'ai aimé les rencontrer et me confronter à leur manière de vivre leur foi, si différente de la mienne. J'ai essayé de m'approcher d'eux, de comprendre, de respecter leurs croyances, de rester fidèle aux miennes tout en m'enrichissant à leur contact. Mais au-delà de leur façon de vivre leur foi, différente de la mienne, la représentation que nous avions de Dieu n'était pas non plus la même. Nous nous rassurions en nous retrouvant dans les mêmes textes bibliques, mais, là encore, avec notre histoire, notre culture, nos croyances, nos représentations de Dieu. C'est cela qui faisait la richesse de nos rencontres[25]. Je tiens à préciser que je crois en un Dieu unique ! Mais nous avons chacun notre compréhension de ce Dieu unique, selon nos histoires et nos traditions.

Durant ce temps de maladie, je me plonge à nouveau dans diverses relations et rencontres que j'ai vécues au cours de ma vie et de mon ministère et j'observe différentes réactions de la part de mes proches (famille, collègues, amis, connaissances) vis-à-vis de moi – désormais atteinte de cette maladie.

Il y a ceux qui se font plus proches, plus attentifs, ceux qui ne changent rien à leur relation avec moi et ceux qui se font plus lointains.

Il y a ceux qui sont présents physiquement et me tiennent la main, ceux qui sont très présents même à distance. Ceux qui ont des mots, des messages touchants et réconfortants, ceux qui ont des paroles banales ou maladroites. Ceux qui sont silencieux. Ceux qui sont vrais et

25. Si la question de l'interculturalité au sein des Églises protestantes vous intéresse, je vous renvoie au chapitre que j'ai écrit dans *L'Église, promesses et passerelles vers l'interculturalité*, sous la direction de Frédéric de Coninck et Jean-Claude Girondin, Excelsis, 2015.

authentiques et ceux qui manifestent une compassion de façade. Ceux qui ont peur ou qui sont mal à l'aise. Ceux qui me voient déjà morte, comme si c'était la seule issue possible… mais n'est-ce pas le cas pour eux aussi, et pour chacun ?

Et puis il y a ceux qui vont jusqu'à me culpabiliser ou à chercher une cause à ma maladie.

Oui, les relations interpersonnelles ne sont pas toujours faciles. Pour les vivre au mieux, il est nécessaire d'être vraiment soi, en vérité ; et donc, de se connaître soi-même !

Qui suis-je ? Je ne le saurai jamais. À propos de cette question, je pense que nous sommes tous errants, en quête d'identité. En tout cas, il me semble que je suis en chemin, toujours en chemin et pleine de contradictions.

Je me suis dit : cesse donc de penser ta vie,
Vis-là !
Me voilà…
Moi, ma vie, mes désirs, mes peurs.
Confrontée à la réalité.
Je ne sais pas où aller
Je tourne en rond
Comme le temps est long
À l'étroit dans cette vie-là.
Si je ferme une porte, c'est pour qu'une autre s'ouvre.

Partir
S'évader
Être là-bas
Bouger de là
Se mettre en route
Être en chemin
À mi-chemin
Et si ce n'était pas la bonne voie
Si je tombais
si je me relevais
si je continuais
si j'avançais.
M'évader
Me laisser aller dans le vent.
Ma vie, bouscule-moi, ne m'attends pas, emmène-moi là-bas
Loin de cette vie trop à l'étroit.
Tous les mots sont trop légers et dérisoires pour en parler.
J'aimerais pouvoir le dire, l'écrire, mais c'est à vivre, à ressentir
dans le corps et l'âme, liés à jamais.

Presque lasse d'espérer
Presque prête à laisser tomber.
Mon désir… ? J'y pense, je souris, j'oublie mon désir.
Il fait tellement sombre aujourd'hui
L'ombre de mon espérance se raccourcit.
Surtout ne pas se résigner.

Ce rêve dont je caresse l'espérance
est toujours là au creux de mon cœur.
Je dis merci
Et ça résonne dans ma vie.

Comme il est difficile de vivre avec soi-même! J'ai souvent du mal à m'aimer, à m'apprécier. Mais je sais qu'il existe en moi un être profond que je ne connais pas. Je peux donc seulement connaître celui que je crois être, avec ce que je connais de moi, mais aussi avec ce que les autres me renvoient de moi-même, comme un miroir. Parfois j'identifie aussi celle que je voudrais être, qui est parfois en contradiction avec celle que je suis ! Mais surtout, surtout, je pense souvent à celle que je ne veux pas être! À cette part de moi que je ne supporte pas et que je voudrais changer. Ces émotions, cette tristesse, qui me submergent. Cette petite fille en moi qui crie « ne m'abandonne pas, ne m'oublie pas, ne me laisse pas! ». Alors j'ai appris, lorsque je suis submergée par des émotions, qu'il me faut commencer par les accueillir! Je ne peux changer qu'en acceptant et non en luttant contre. J'essayais de lutter contre cette petite fille souffrante en moi, il me faut d'abord l'accepter, accueillir qui je suis. Je remercie celui qui m'a dit un jour : « Tant que tu n'acceptes pas ce que tu es, même si c'est insupportable, tu ne peux pas changer en luttant contre ou en refusant. » Mais qu'il est lent ce changement! Je dois apprendre la patience et accepter d'avancer pas à pas.

Face à une souffrance, un mal, quel qu'il soit, j'apprends à ne plus en chercher les causes, mais à agir sur les conséquences. Sinon je me débats, je suis en lutte et cela ajoute du mal à mon mal. L'idéal, c'est que je prenne le temps de m'asseoir, de poser mes pieds bien à plat sur le sol, de diriger mon attention sur mon ventre et d'être attentive à ma respiration. Puis de nommer le mal que je ressens et ne pas chercher les causes de ce mal, mais ses conséquences, ici et maintenant. Qu'est-ce que ce mal implique dans ma vie, à l'instant où je le ressens, dans mon corps, dans mon bien-être ? Et qu'est-ce que je voudrais stopper ou changer ? Cela revient à ne pas lutter contre la souffrance qui m'envahit, mais à l'accueillir et à être attentive aux émotions qu'elle produit, sans jugement. Toutes les émotions sont acceptables ! Pleurer, être en colère ou rire ne constituent pas une catégorie morale. Ce n'est ni bien ni mal !

Par exemple, lorsque j'éprouve de la peur, j'essaie de la chasser, de lutter contre son envahissement, de me raisonner en me disant que je ne devrais pas avoir peur. Or la peur est réelle, puisque je la ressens ! Il me faut alors plutôt l'accueillir, discerner s'il y a un réel danger et identifier ce que cette peur provoque en moi (paralysie, larmes, détresse, tremblements, nausées). Mes peurs sont parfois liées à l'importance que j'accorde au regard des autres. En effet, qui dit relation dit présence de l'autre, avec tout l'imaginaire qui l'accompagne : comment l'autre me voit-il ? Comment voudrais-je qu'il me voie, ou qu'il ne me voie pas ! Comment dissimuler mes faiblesses ?

Au cœur de cette maladie, je me demande ce que les autres voient de moi. Voient-ils uniquement ma maladie ? La femme malade ? Ou au contraire voient-ils la femme qui sourit et qui n'a pas l'air malade, la femme forte et digne que je laisse paraître le plus souvent ? Un jour quelqu'un m'a dit : « tu es pasteur, tu dois être forte, tu ne dois pas pleurer » ! Mais avant d'être pasteur, je suis Marianne, un être humain, une femme, avec toute son histoire, sa sensibilité, ses émotions ! J'ai le droit de pleurer si j'ai de la peine. C'est cela qui fait que je suis humaine !

Et si la vraie question était : comment l'autre me voit-il, vraiment ? Mais cela je ne le saurai jamais, même s'il me le dit, tout comme je ne sais pas moi-même qui je suis ! Oui, j'ai souvent peur du regard de l'autre. Mais si je laisse cette peur me dominer, j'enferme l'autre dans la représentation que j'ai de moi-même. Je le place en situation de dette en le chargeant d'un regard porté sur moi, qui n'est pas forcément le sien. C'est le cas quand je crois que l'autre me trouve nulle, pas à la hauteur. N'est-ce pas ma propre vision que je projette sur lui ? Dans mon rapport à l'autre, il est important d'être conscient de cela, mais il me manque un élément essentiel qui me permette d'avoir confiance, en lui et en moi. Ce qui me manque n'est pas sans importance, je crois que c'est l'amour !

L'amour

L'amour, certes ! Mais qu'est-ce que l'amour ? Nous expérimentons différentes formes d'amour et elles évoluent au cours de notre vie. Il y a l'amour partagé au sein de la famille, au cœur du couple, entre amis et il y a l'amour que j'appelle « évangélique », au sens d'inconditionnel, vrai, universel, une forme d'amour que le Christ enseigne mais qui est difficilement atteignable.

Pour ce qui est de l'amour, tel que je le vis moi-même au sein de mon couple, je dirais que c'est ce qui donne un sens à ma vie, tout comme le sel donne du goût à la nourriture. Ou que l'amour est comme une lumière qui s'allume dans la nuit, il me rend lumineuse. Mais il est aussi fragile. Il est alors bon de veiller à ne pas l'enfermer, ni le cacher. L'amour se vit et se construit, dans la liberté et dans le respect de l'identité de chacun.

Cependant l'amour est insaisissable, imprévisible et irréductible à toute connaissance, à tout enfermement, à toute maîtrise sur la durée. Beaucoup de couples le savent, l'amour se construit autant dans les moments difficiles à surmonter que dans les moments de bonheur, il est œuvre de persévérance et de lente croissance, pour dire sincèrement à l'autre « je t'aime », c'est-à-dire « je me réjouis que tu sois ce que tu es et je ferai tout pour que tu le deviennes davantage ».

Il est difficile de parler de l'amour, de dire pourquoi on aime telle ou telle personne. Je sors ici du cadre restreint du couple pour l'élargir à l'amour au sein des familles, des amitiés... La difficulté consiste peut-être aussi à dire « je t'aime » à l'autre, par crainte de sa réaction, ou par pudeur. Mais l'important, dans l'amour, c'est de le vivre.

Peut-être même que celui qui sait nous aimer nous accompagne jusqu'au seuil de notre solitude, puis reste là, sans faire un pas de plus. Aimer, c'est prendre soin de la solitude de l'autre, sans jamais prétendre la connaître ni la combler.

J'aime beaucoup ce texte de Maurice Bellet : « Le vrai amour ne prend rien ; il vous laisse même à votre solitude, la bonne solitude où vous pouvez aller par vous-même, indépendant. Mais le vrai amour ne vous abandonne jamais. Ainsi la parole aimante est-elle comme une demeure où nous pouvons habiter jusque dans l'errance[26]. »

Et si le mot amour
Ne pouvait rimer avec toujours
Que si on le vivait chaque jour.

---

26. Maurice Bellet, *L'Épreuve, ou le tout petit livre de la divine douceur*, Desclée de Brouwer, 1988.

Tu as semé dans mon cœur
Les mots qui disent l'amour
Et pour vaincre mes peurs
Tu me les redis chaque jour.

Quand l'angoisse de l'abandon
M'entraîne dans un puits sans fond
Tu me dis « souviens-toi
De ce qu'on vit toi et moi » !

Souviens-toi de l'amour
Qui nous fait vivre chaque jour.

Laisser les échecs et les peines
Toutes ces douleurs qui reviennent
Et ne vivre que pour aujourd'hui
Pour jour après jour oser dire « oui »

Oui à la vie
Oui à l'amour.

Mais l'amour est fragile
Notre humanité vacille
Face à tant de haine et de chaos
Il est difficile de trouver les mots
Il y a urgence à prendre soin de l'humain
Dès aujourd'hui et sans attendre demain.
Osons ouvrir la bouche pour nous parler
Garder les yeux ouverts pour nous regarder

Et malgré nos différences nous respecter
Pour vivre en toute humanité.

Oui, si le mot amour
Rime avec toujours
C'est en le vivant chaque jour
Qu'on en découvre les contours.

Cela fait beaucoup de mots pour parler de quelque chose qui doit se vivre ! De plus, en tant que chrétienne, j'essaie aussi de m'appuyer sur l'amour évangélique, sur le commandement central que Jésus nous donne dans l'Évangile[27] : *Tu dois aimer le Seigneur ton Dieu… Tu dois aimer ton prochain comme toi-même.*

Jésus m'invite ici à vivre un amour en 3D ! Il me demande d'aimer Dieu, d'aimer mon prochain et de m'aimer moi-même ! Mais comment réussir à vivre cet amour tridimensionnel ? Comment rester fidèle à Dieu lorsque, dans ma vie, je suis confrontée au malheur ? Comment me vouloir du bien quand personne ne m'a appris à le faire ? Comment aimer lorsqu'on a soi-même souffert du manque d'amour ? Comment aimer celui ou celle qui m'a blessée ?

Aimer Dieu, je dirais que c'est avoir la foi. À moi de la vivre comme je le veux, comme je le peux, de manière personnelle ou communautaire. Cependant, « si quelqu'un

27. Matthieu 22,37-39.

dit “aimer Dieu” et qu’il haïsse son frère, c’est un menteur[28] ». Je dois aimer mon prochain ! Je le sais, pas de problème ! Sauf que parfois, ce n’est pas facile de l’aimer tel qu’il est, tout dépend du prochain. De plus, Jésus me demande aussi de m’aimer moi-même ! Ce qui n’est pas toujours simple non plus ! Surtout si je n’ai pas été respectée et qu’on ne m’a pas appris à me respecter.

Dans notre société, on parle beaucoup du développement personnel, du bien-être personnel. Nous sommes encouragés à prendre soin de nous ! En effet, si je ne prends pas soin de moi, qui le fera ? Ainsi je découvre que l’amour de Dieu, l’amour du prochain et l’amour de moi-même sont indissociables, comme les côtés d’un triangle, ou les pieds d’un trépied.

Mais tout cela ne me dit pas comment vivre véritablement cet amour évangélique en 3D au cœur de toutes mes relations. Soit l’amour devient concret au cœur de nos relations, soit il reste abstrait et indéfinissable. C’est peut-être pour cela que l’on dit « Dieu est amour », parce que « Dieu » et « amour » sont tous deux réduits lorsqu’on cherche à les définir, mais infiniment puissants et réconfortants lorsqu’on les vit au cœur de nos relations humaines.

Pour vivre cet amour avec l’autre, je crois important de lâcher prise pour nous débarrasser de nos méfiances et de nos a priori.

---

28. 1 Jean 4,20.

Lâcher prise. Avoir confiance

Cette notion de lâcher prise m'a beaucoup interrogée dans mon contexte de maladie. Quand on parle de lâcher prise, je pense souvent qu'il s'agit de démissionner, de renoncer totalement, d'abandonner, de ne plus rien faire. Mais non ! Car si je lâche tout, je tombe, je ne maîtrise plus rien. Si vous demandez à un alpiniste de lâcher sa prise, il le fera, mais pour en prendre une autre et cela lui permettra de se déplacer. S'il lâche sa prise sans en prendre une autre, il tombe ! Ainsi, « lâcher prise » signifie « lâcher pour prendre ».

Et j'ai le choix de lâcher, pour prendre. Cela commence certainement par une prise de conscience : je ne veux plus vivre cela, je refuse de subir cette situation. Puis il faut ensuite envisager quel déplacement est alors rendu possible vers une autre position. Cependant, lorsqu'il s'agit de quitter (un lieu, quelqu'un, une situation…) que je connais, ce n'est pas simple, même si je souffre dans cette situation, car quitter signifie rupture. Et quitter pour aller vers quoi ? Vers l'inconnu ? C'est angoissant ! Personnellement, au cœur de ce temps de maladie, je me demande ce que signifie pour moi le lâcher prise. Qu'est-ce que je dois choisir de lâcher ? Les douleurs, la maladie, je veux bien les lâcher, pour prendre la santé, l'insouciance, la guérison ! Cependant, même si je choisis la santé et la guérison, je ne suis pas guérie et je souffre toujours. Ai-je le choix ? Oui, je peux choisir d'arrêter de me battre. Mais qu'est-ce que cela signifie ? Me laisser mourir ? Ou croire que Dieu me guérira par miracle – comme certains me le disent – si je m'en remets vraiment, entièrement à lui. Si donc Dieu ne me guérit pas, c'est que je n'ai pas vraiment la foi ? Je peux aussi choisir des croyances non limitantes [29] et sans négation [30] telles que : « je guéris » (qui souligne le processus de guérison dans lequel je souhaite être), ou « je vais aller bien ». Peut-être que « lâcher prise » signifie choisir d'accueillir la maladie et de vivre avec elle ou malgré elle. Choisir de lâcher l'obsession de devoir vaincre cette maladie.

Accepter de vivre ici et maintenant sans ajouter aux souffrances présentes les souffrances du passé et les angoisses du futur. Accepter de m'engager, de vivre l'instant présent. Il faut préciser que cette maladie empêche

29. Une croyance limitante, ou « fausse croyance » est une croyance qui nous empêche d'avancer dans la vie, qui nous entrave, telles que « je n'y arriverai jamais » ou « je suis trop nulle ».

30. En effet le cerveau n'entend pas la négation. Si je dis par exemple : « ne pensez pas à un éléphant rose », votre cerveau pense à un éléphant rose ! De même, si je dis « je ne veux plus souffrir », mon cerveau enregistre « souffrir ».

aussi toute projection dans le futur. Comment prévoir ce que je ferai demain, étant donné que je ne sais pas si je tiendrai debout ? Me voilà dans le « peut-être » et l'incertitude que j'évoquais déjà précédemment. Deux possibilités s'offrent à moi : soit je forme des projets en acceptant le risque de ne pas avoir la force de les réaliser, soit je n'ai plus aucun projet mais alors ma vie semble vide et sans aucun sens.

La première solution me semblait être la meilleure car elle me mettait en mouvement, me fixait des buts. Jusqu'au jour où j'ai réalisé que tout projet m'angoissait et m'apportait en fait de l'incertitude : pourrai-je le vivre ? Aurai-je la force ? La tentation fut grande alors de me terrer complètement, de ne plus rien projeter, de vivre seulement l'instant présent de la maladie. D'autant plus que toute vie sociale m'est devenue difficile. Je ne peux plus travailler, je ne peux plus partager un verre ou un repas au restaurant avec des amis car tout ce que j'avale me provoque des douleurs. Je suis très gênée quand des amis m'envoient un message me disant : « fais-moi signe quand tu es disponible, pour prendre un verre ! ». Comment leur dire que je suis disponible en dehors des rendez-vous à l'hôpital, mais que je suis trop faible pour sortir, que je ne sais pas quand j'en aurai la force et que de toute façon je ne peux pas « boire un verre » mais seulement boire de l'eau, en bouteille, à température ambiante ? Je me dis parfois que je serai disponible quand je serai guérie, un jour, peut-être…

« À chaque jour suffit sa peine ». Je me répète souvent ce proverbe célèbre et je pense au texte biblique[31] dans lequel Jésus nous encourage à ne pas nous soucier du lendemain. J'ai alors le sentiment d'être comme le nourrisson qui ne se soucie que de l'instant présent. Lorsqu'il a faim, il pleure et veut manger tout de suite et si personne ne le nourrit, il est persuadé qu'il va mourir. Avec le temps, l'enfant apprend qu'il est capable d'attendre, un quart d'heure ou même une heure, pour prendre son repas, il ne mourra pas. Le nourrisson vit dans l'instantanéité de ce qu'il ressent. Est-ce cela que je dois m'efforcer de vivre ? Ne pas me soucier de ce que je pourrai faire ou ne pas faire dans une heure ou bien demain, mais être à l'écoute de ce que je vis au moment présent ?

Certains me disent que ma lutte contre la maladie est mon job[32] à plein temps, que je dois m'y consacrer et y investir toute mon énergie. Je l'entends et je le comprends, mais je crois que je ne l'ai jamais pleinement accepté. J'ai besoin de me fixer des petits défis, des petits projets, à la hauteur de mes quelques forces – lorsque

31. Matthieu 6,25-34.
32. J'utilise volontairement l'anglicisme « job » pour faire un clin d'œil « à mon ami Job » dont le livre biblique porte le nom. Je ne l'aborderai pas ici, même si je me retrouve beaucoup dans le récit biblique de son histoire, car j'ai déjà eu l'occasion d'écrire à son sujet : Pascal Hubscher, Marianne Guéroult, Alain Joly, *De la révolte à l'espérance : Job*, Olivétan, 2013.

j'en ai. Que signifie pour moi « accepter », « accueillir » ? Dois-je accepter ce qui m'arrive ?

Dans une interview radiophonique, la théologienne Marion Muller-Collard, auteure de *l'Autre Dieu*[33], disait quelque chose qui m'a touchée et que je retranscris ainsi en espérant ne pas le dénaturer. Alors qu'elle est en proie au tourment face à la grave maladie de son bébé, elle se tient, à un moment donné, juste à côté de son lit d'hôpital et elle ressent alors qu'il pourrait mourir et que cela n'effacerait pas ces quelques mois de bonheur passés avec lui. Elle recevait cela comme une grâce. C'est ce que j'ai retenu de ses propos, sans doute parce que cela faisait écho en moi.

J'ai le sentiment que la maladie envahit toute ma vie. Que ma vie se résume à ma maladie. Mais je suis bien plus que cela. J'ai donné et reçu pendant des années et la maladie ne saurait l'effacer. Et même au cœur de la maladie, je peux vivre et partager l'amour avec mon compagnon, avec des proches, je peux partager un sourire avec le personnel soignant ou le chauffeur de taxi qui m'emmène à l'hôpital, je peux me réjouir d'une visite et profiter de la beauté des fleurs qui m'ont été apportées à cette occasion. Il y a énormément de moments difficiles et de douleurs, mais ceux-ci ne doivent pas effacer les moments de grâce qui existent encore, malgré tout.

33. Marion Muller-Collard, *op. cit.*

Accepter, ce n'est pas accepter la maladie, mais c'est accepter de vivre un temps différent en étant davantage à l'écoute de soi. Accepter, ou plutôt accueillir, ce n'est pas se soumettre ! Sans compter que les douleurs viennent en permanence me rappeler que je suis malade. Et les traitements antidouleur n'étant pas suffisants, je suis bien obligée de chercher, par tous les moyens, ce qui peut me soulager. Difficile donc de lâcher prise ! J'essaie alors de réfléchir aux conséquences de ces douleurs sur ma vie quotidienne et à celles que je pourrais changer.

Les souffrances me mettent parfois en colère, me rendent parfois agressive envers les autres. Et finalement, cela les amplifie. Je peux agir sur ces conséquences. Lorsque les douleurs sont trop fortes et que cela compromet mes relations, je m'isole et je me recentre sur moi-même, ma respiration, mes ressentis et j'essaie de retrouver un lien d'amour. C'est comme s'il s'agissait de lâcher pour aller vers… une confiance, une paix intérieure.

J'avais espéré[34]
Que le jour allait se lever
Que la lumière vaincrait l'obscurité.
Il n'en est rien
Aujourd'hui comme demain

34. Marianne Guéroult, *La parole est naissance*, 2010.

Mon cœur reste éteint
Envahi de tristesse
Dans cette noirceur épaisse.
Il faudrait qu'une parole naisse
Des profondeurs de mon être
Tel un cri peut-être
Pour déchirer ce silence
Sortir de cette désespérance.
Peut-il y avoir naissance
Sans cri pour dire l'angoisse immense
Sans parole pour venir à l'existence ?

Je dirais même que la parole est créatrice. D'ailleurs, dès le début de la Bible, dans la Genèse, la création se fait par la parole. La Parole existait avant la création du monde. Et la Parole s'est faite chair, est devenue homme et a vécu parmi nous[35]. Dieu se manifeste à l'homme par sa Parole, que l'on retrouve dans la Bible. Cette Parole étant l'expression de foi de l'auteur, je peux alors me demander ce que l'auteur a voulu me transmettre de sa foi ? Notre seul moyen pour dire Dieu aux autres, pour témoigner de notre foi, c'est la parole. La parole est ce qui nous rend véritablement humain et nous permet de vivre en relation les uns avec les autres. Mais plus encore que la parole, c'est notre manière d'être qui dit notre foi,

35. Jean 1, 14.

qui nous permet de transmettre l'amour, la bienveillance et le respect. Et si « croire » n'était finalement que « prendre conscience que nous n'avons rien de plus à faire qu'à vivre la vie qui nous est donnée à vivre », comme l'écrit Klaas Hendrikse[36] ?

36. Klaas Hendrikse, *op. cit.*

L'attente, puis la veille

Pourquoi tant de textes bibliques qui, d'après moi, contiennent la Parole de vie, ne me parlent-ils plus aujourd'hui, dans mon contexte de maladie ? Est-ce parce que ces vieilles histoires d'un peuple qui croit que Dieu ne l'abandonne jamais ne sont pas mes histoires ? Est-ce parce que ces mots appartiennent à une autre époque ? Qu'ils sont devenus étrangers à mon quotidien ? Ou encore, est-ce parce qu'ils ne viennent plus rencontrer mes attentes ? Mais quelle est donc mon attente ? Attente que la souffrance cesse, attente de la guérison qui tarde à venir, attente des résultats de mes derniers examens médicaux, attente d'un coup de téléphone qui viendra briser ma solitude ? Attente de faire mon deuil de ce qu'aurait pu être ma vie rêvée et désirée et qui ne sera pas ? Cette attente paraît parfois interminable, notamment lorsque l'événement à venir fait peur, ou lorsque c'est la mort qui s'annonce comme seule issue possible.

Je pense ici à Jésus et à ses disciples à Gethsémané. Sa mort approche et il demande à ses disciples de *veiller et de prier*[37]. Ou, à la fin de la parabole des dix jeunes filles, il ajoute *veillez donc, car vous ne savez ni le jour ni l'heure*[38]. Voilà que dans les moments les plus difficiles et les plus tragiques, alors que j'attends le soulagement, la libération, Jésus me demande encore de veiller, donc d'attendre, encore et encore. Mais jusqu'à quand ?

J'aime les temps de l'Avent (période avant Noël) et du Carême (période avant Pâques) qui sont des temps d'attente d'un événement qui bouleverse nos vies. Je n'avais pas encore réfléchi sur la raison pour laquelle j'aimais ces temps d'attente, jusqu'à ce que je lise le livre *Patients* de Grand Corps Malade[39], dans lequel il évoque son parcours de soins et de rééducation suite à son accident.

Il parle des pensées suicidaires de certains patients du centre de rééducation, qui disaient attendre quelques mois avant de mettre fin à leurs jours, le temps de voir l'étendue de leurs séquelles physiques. Et il écrit : « à ma connaissance, heureusement, ces personnes n'ont pas mis leur projet à exécution. Ce qu'il y a de bien dans le fait d'attendre quelques mois avant de prendre une telle décision, c'est que, même s'il n'y a aucun progrès physique, mine de rien, ces quelques mois permettent d'accepter progressivement son nouvel état, de faire le deuil de la vie d'avant. Ces quelques mois d'incertitude sauvent des vies ». Il aborde ensuite le fait que ceux qui sont passés

---

37. Mathieu 26,41.
38. Matthieu 25,13.
39. Grand Corps Malade, *Patients*, Don Quichotte, 2012, p. 101.

à l'acte sont ceux qui n'en avaient pas parlé. Cela vient nous rappeler l'importance de la parole.

Mais pour ce qui est de l'attente, je réalise que, bien qu'elle soit source d'angoisse et d'incertitude, elle est en fait aussi source d'espérance. L'attente n'est pas le vide et le néant, car l'attente est remplie de vie. Lorsque j'attends, lorsque je ne fais rien, je respire, je suis en vie, je ressens des choses dans mon corps, j'éprouve des émotions. Le vide n'existe finalement pas vraiment. L'attente, la veille ne sont pas le vide. À certains moments, lorsque je souffre trop, je dis mon souhait de mourir, pour arrêter de souffrir. Cependant, je ne passe pas à l'acte, parce qu'au fond de moi j'attends des jours meilleurs et je crois qu'ils peuvent arriver. Le temps s'écoule ainsi, entre souffrance et espérance.

L'attente est quelque chose qui m'a souvent angoissée car j'y voyais du vide. Aujourd'hui, j'ai appris et expérimenté que le vide n'existe pas. Car même si j'ai la sensation que rien ne se passe, si je suis seule, si j'attends, je suis là, vivante, je respire, je vis et cela n'est pas rien ! L'attente fait pleinement partie de nos vies et c'est elle qui nous met en mouvement, en éveil, vers… une espérance qui demeure.

Ô vie[40] *! Tu me fais peur*
Mais cette angoisse meurt

---

40. Marianne Guéroult, *Vie*, 2014.

Lorsque ta timide lueur
Me dit que demain sera meilleur.

Mais demain viendras-tu ?
Lumière où es-tu ?
Parfois je n'y crois plus
L'angoisse me tue.

Pourtant je suis persuadée
Que ta lumière peut briller
Que la bougie est allumée
Que tout peut changer.

Cette lumière me guide
M'empêche de tomber dans le vide
M'arrache un sourire timide
Fait briller mes yeux humides.

La vie n'est pas facile
Elle n'est pas un long fleuve tranquille
Les épreuves sont difficiles
L'espoir est fragile.

Mais l'espérance demeure
La flamme jamais ne meurt
Elle reste dans mon cœur
Pour éclairer des jours meilleurs.

Pour me dire que le temps présent
Est le plus grand des moments
Car je suis ici et maintenant
Je respire et célèbre le vivant!

Attendre, veiller. On dit aussi « veille sur ta sœur ou sur ton frère ».

Et s'il s'agissait de veiller les uns sur les autres ? De ne pas rester dans une attente passive, mais de prendre soin, d'être attentif à soi et aux autres ? Que puis-je faire, au cœur de ma maladie, dans la faiblesse qui est la mienne, pour prendre soin de moi et des autres ? Je voudrais rejoindre tous ceux qui souffrent et leur tenir la main. Être là, simplement présente pour leur dire qu'ils ne sont pas seuls. Mais cela n'allègerait pas forcément leurs souffrances. Qu'a fait Jésus sur la croix, après avoir crié *mon Dieu, mon Dieu, pourquoi m'as-tu abandonné* ?

Jésus poussa de nouveau un grand cri et mourut. À ce moment, le rideau suspendu dans le temple se déchira depuis le haut jusqu'en bas. La terre trembla, les rochers se fendirent, les tombeaux s'ouvrirent et de nombreux membres du peuple de Dieu qui étaient morts revinrent à la vie[41].

Pour l'auteur qui témoigne, le cri de Jésus a déchiré le silence. Le cri de Jésus a changé l'obscurité en lumière.

41. Matthieu 27,50-52.

Jésus a crié, Jésus est mort. Et nous voici délivrés de nos chaînes, libérés de nos tombeaux! C'est la Parole qui guérit, la Parole libératrice, la Parole créatrice qui relève et console. Elle est ouverture vers l'*à-venir*, recommencement, espérance. Cette Parole me dit que je peux crier ma désespérance.

Lorsque les mots restent prisonniers en moi, je crie! Je crie vers mon Dieu, vers… le vide et les profondeurs de l'abîme. Avec Jonas, je pourrais dire: *Quand j'étais dans la détresse, j'ai crié vers toi, Seigneur et tu m'as répondu ; du gouffre de la mort j'ai appelé au secours et tu m'as entendu. […] Les flots m'encerclaient […] Au moment où la vie me quittait, j'ai pensé à toi, Seigneur et la prière que je t'ai adressée est parvenue jusqu'à toi […] Oui, c'est toi, Seigneur, qui me sauves*[42]!

Si la Parole de Dieu a traversé les siècles, c'est bien parce qu'elle est parole de vie et qu'elle peut me parler aujourd'hui, différemment d'hier. Et si aujourd'hui, en proie aux souffrances de la maladie, du doute, de la traversée du désert, je ne veux pas attendre les bras croisés quelque chose que je ne connais même pas, alors il me faut prendre la parole et rendre ainsi possible une place pour la Parole de Dieu. Me replonger dans la Parole pour y trouver peut-être des mots à mettre sur mes maux.

42. Jonas 2, extraits des versets 3 à 10.

La Parole de Dieu

Il y a de nombreuses années que j'aime me confronter à la Parole biblique, que j'y trouve un enracinement.

Le chaos, le vide et le néant[43],
Tout est sens dessus dessous
dans ma tête, mon corps et ma vie.

Mais il est venu le temps
de se mettre debout
pour passer de la mort à la vie.

Accepter de s'arrêter.

Prendre le temps de regarder
le chaos de sa vie

Prendre le temps d'écouter
l'indicible de ce cri

43. Marianne Guéroult, *Parole des profondeurs*, 2008.

Prendre le temps de parler
laisser venir les mots
des profondeurs du chaos.

Trouver en soi la source
qui fait naître le désir
cette parole qui vient d'ailleurs
mais qui germe dans le cœur.

Parole qui chaque jour
engendre l'amour.

Cependant, la Parole est parfois difficile à entendre, à accepter, à recevoir. Que veut-elle me dire ?

Là encore le lâcher prise est nécessaire pour accepter qu'une Parole puisse très bien ne rien avoir à me dire dans l'aujourd'hui de ma vie. Ce n'est pas une fatalité…

Je me souviens de ce verset de Genèse 12,1, lorsque Dieu dit à Abraham : *Va, quitte ton pays, ta parenté et la maison de ton père et va dans le pays que je te montrerai.* Ce « lâcher pour… » d'Abraham supposait une grande confiance de sa part et la prise de conscience qu'à travers les hauts et les bas de son existence, une autre vie lui était donnée, une autre vie qui vient d'ailleurs, au-delà de son propre choix. Et si « croire » c'était aussi cela : la prise de conscience que ce qui importe vraiment dans ma vie m'est donné. Je serais alors appelée à lâcher prise, à avoir confiance en Dieu, en la vie, en l'avenir. Cela paraît facile, mais ce ne l'est pas ! Car cela suppose que je m'accepte telle que je suis, à savoir un être humain fragile et vulnérable. Ce texte est souvent lu en pensant qu'il s'agissait pour Abraham de tout quitter, de se mettre à voyager pour s'installer dans un pays inconnu. Certes, dans ce récit, il y a bien ce déplacement physique d'Abraham et de sa famille. Il s'agit bien de quitter un lieu, une situation, pour aller vers autre chose et non pas vers rien, le vide et le néant. Dieu sait bien que l'homme ne peut pas tout lâcher sans la promesse d'autre chose. Mais il s'agit, aussi et surtout, d'un déplacement intérieur.

Quitte ton pays, ta parenté et la maison de ton père, autrement dit « quitte ton passé, tout ce qui t'enferme dans une situation sans issue et regarde vers l'avenir, en vivant le jour présent ! » Il ne s'agit pas de tirer un trait sur son passé, de l'oublier ou de le nier. Mais plutôt de l'assumer, de le relire à distance et de le laisser là où il est, c'est-à-dire dans le passé. Lâcher le passé, s'en libérer, pour prendre l'aujourd'hui de la vie !

Vivre l'instant présent
Accueillir l'Esprit saint
Qui souffle comme le vent
Sur ma vie ce matin

Dans ma tête le passé
Dans mon cœur ça déchire
Ça m'empêche d'avancer
De m'tourner vers l'avenir.

Que dire ?

Crache ta haine dans les mots
Pour pouvoir aimer tes amis.
Crie vers le Dieu très haut
Pour pouvoir vivre ta vie.

Que dire ?

Va ! Avance dans la vie
Aujourd'hui vers demain
Va ! N'aie pas peur et redis
Que Dieu t'ouvre un chemin.

Lorsque je suis traversée par les doutes et les questionnements, j'essaie de me rappeler le « grand commandement » donné par Jésus[44] et que j'ai déjà évoqué : « tu dois aimer le Seigneur ton Dieu de tout ton cœur, de toute ton âme et de toute ta pensée » et « tu dois aimer ton prochain comme toi-même ». Finalement, peu im-

44. Matthieu 22,37-39.

porte la représentation que je me fais de Dieu, je suis en interdépendance avec autrui. Et vouloir du bien à l'autre me met dans une dynamique d'ouverture et de bien-être pour moi-même. Ou encore, être en paix avec moi-même, m'accepter telle que je suis, m'aimer, m'ouvre davantage à l'autre pour l'aimer et recevoir son amour.

Un autre récit biblique me touche beaucoup, surtout dans cette période de traversée de la maladie, alors que j'ai le sentiment de traverser un véritable désert, c'est celui de la sortie d'Égypte du peuple hébreu[45].

Comme l'écrit Klaas Hendrikse[46] à sa façon, peu m'importe que le personnage de Moïse ait existé ou non, ce qui compte c'est que je me reconnaisse dans le récit de sa traversée du désert, au point qu'il se mette à exister, devant moi. Ce récit me touche car j'y lis ce qui peut se produire chaque fois qu'un homme s'arrache à ce qui l'oppresse, l'enferme et l'enchaîne. Les expériences qui marquent le chemin de Moïse et de son peuple sont pareilles aux miennes :

– Le désert représente les épreuves de la solitude, de la sécheresse et de l'inhospitalité qui envahissent parfois ma vie ;

– L'Égypte, littéralement « pays de la mort », se trouve partout où ma vie n'est pas une vie, dans la maladie ou le deuil qui m'ébranlent ;

45. Exode 2.
46. Klaas Hendrikse, *op. cit.*

– La Terre promise, c'est lorsque je fais de mon mieux pour vivre dans le respect de moi-même et des autres ;

– La mer Rouge, c'est l'obstacle devant lequel je me trouve aujourd'hui.

Finalement, ce récit me touche parce que j'y retrouve l'histoire de ma propre vie. C'est ainsi que les propos tenus par Dieu dans certains textes bibliques deviennent Parole de Dieu pour moi s'ils m'interpellent !

Par exemple, lorsque je souffre atrocement dans mon lit la nuit, je peux être touchée par le récit de la lutte de Jacob dans la nuit[47] sans avoir besoin d'en faire une exégèse. Cependant, d'autres textes bibliques me paraîtront opaques et j'aurai même envie de passer mon chemin. C'est ce qui se passe avec de nombreux textes, durant cette épreuve de la maladie, provoquant parfois colère et tristesse.

Alors, dans l'aujourd'hui de ma vie, malgré l'épreuve de la souffrance et du doute, je souhaite me plonger ou me replonger dans deux textes bibliques et m'y confronter, même s'ils me paraissent difficiles à entendre à la première lecture.

47. Genèse 32, 23-33.

Oh pardon !

Pierre s'approcha de Jésus et lui demanda : Seigneur, combien de fois devrai-je pardonner à mon frère s'il ne cesse pas de pécher contre moi ? Jusqu'à sept fois ?

Non, lui répondit Jésus, je ne te dis pas jusqu'à sept fois, mais jusqu'à soixante-dix fois sept fois[48].

Ce texte sur la thématique du pardon me semble difficile. Car bien sûr, comme la plupart des gens bien élevés, je dis plusieurs fois par jour « pardon, excusez-moi ». Je prononce ces mots comme je dirais « bonjour », pour aborder quelqu'un avant de lui demander quelque chose. Je m'excuse d'avance de déranger la personne.

« Pardon, excusez-moi », courte phrase formulée dans les transports en commun, ou dans un magasin, pour demander à une personne de se pousser pour dégager le passage.

« Oh pardon, excusez-moi », phrase que je dis aussi lorsque j'ai malencontreusement bousculé quelqu'un.

48. Matthieu 8, 21-22.

Et au sein même de la famille : « pardon si je t'ai blessé, je ne le voulais pas, pardonne-moi ».

Il y a tout de même un point commun à toutes ces occasions de demander pardon : je m'adresse chaque fois à des personnes, à des êtres humains et non à des objets. Demander pardon serait alors déjà reconnaître que l'autre, l'homme ou la femme qui est là, en face de moi, est une personne, une personne suffisamment respectable pour que j'éprouve le besoin de m'excuser du dérangement ou du mal que je lui causerais. Et c'est déjà bien, car cette absence de parole pourrait s'apparenter à une indifférence totale pour l'autre. Il suffit d'ailleurs d'observer ma réaction lorsque quelqu'un me bouscule et ne me demande pas pardon. Si cela me choque, ce n'est pas en raison de la douleur que j'éprouve mais à cause de l'absence de parole, qui s'apparente à du mépris à mon égard. S'excuser, demander pardon, est devenu quelque chose de courant dans notre manière de vivre ensemble, en relation respectueuse les uns avec les autres.

Mais le texte biblique me parle d'un pardon qui n'a pas grand-chose à voir avec les exemples que je viens de citer. La demande de Pierre à Jésus concerne la question du pardon envers quelqu'un qui le blesserait, volontairement ou non, de façon répétée. Et la réponse de Jésus à Pierre me dit que le pardon n'entre dans aucune comptabilité. Dans sa question, Pierre parle de son frère. Autrement dit de celui qui est proche de lui. Ainsi celui qui me fait vraiment mal et à qui il m'est difficile de pardonner est celui qui m'est proche, celui auquel je ne suis pas indifférente ! Et ce péché, dont il est question, est quelque chose qui se joue entre lui et moi. Tout se passe dans la relation.

Dans la tradition juive, lors de la fête du Yom Kippour, le jour du Grand Pardon, chacun demande pardon à celles et à ceux à qui il a fait du tort. La personne lésée peut très bien refuser de pardonner. Mais au bout de sept années, si elle refuse encore de pardonner, c'est elle qui devient l'offenseur, car elle a refusé d'effacer la dette, de recréer un lien dans la relation. Elle offense ainsi celui qui venait demander pardon en espérant entrer à nouveau en relation.

Jésus va plus loin encore, supprimant toute limite, il me dit l'importance du pardon dans toutes mes relations. Si je bute sur la thématique du pardon, c'est qu'il y a pour moi des actes qui sont de l'ordre de l'impardonnable.

Il arrive que pardonner à telle ou telle personne qui m'a fait du mal soit très difficile et d'autant plus s'il s'agit d'un proche. Le refus de pardon peut aller jusqu'à l'insensibilité : le bien ou le mal qui pourrait lui arriver m'indiffère. Oui, pour moi, il y a des choses impardonnables. Les exemples de l'Histoire sont nombreux, tout comme les exemples d'actes qui nous touchent de plus près dans notre société, comme le viol ou l'assassinat d'enfants.

Que faire quand le pardon n'est pas possible ? Quand la relation n'est plus possible, parce qu'il n'y a aucune demande de pardon de la part de l'offenseur, ou parce que le pardon est impossible à donner par l'offensé. Je n'ai pas de réponse à cela. Je me dis simplement que Dieu est plus grand que tout cela. Jésus, sur la croix, en parlant de ses bourreaux, a dit *Père pardonne-leur car ils ne savent pas ce qu'ils font.* Je ne suis pas Dieu, je ne suis pas Jésus-Christ. Alors quand le pardon est impossible, je pense, j'espère, qu'il me suffit simplement de tout remettre entre les mains de Dieu.

Cependant, dans ma situation actuelle, tourmentée dans mon corps et dans mon esprit comme je le suis, je me dis que cette question du pardon est valable lorsqu'il y a une souffrance causée par une personne, ou un groupe de personnes, envers une autre. Parfois même il y a besoin de pardon mutuel car on ne sait plus qui est l'offensé et qui est l'offenseur, chacun étant les deux à la fois. Mais qu'en est-il, lorsqu'il y a souffrance, sans qu'une autre personne n'en soit coupable, ou sans que je puisse l'identifier ? Je pense à tous ceux qui subissent la maladie, aux parents de bébés ou de petits enfants en phase terminale à l'hôpital, à celles et ceux qui souffrent de maladies psychiques… Vers qui crier ma colère ? Qui demandera pardon pour le mal causé ? Personne.

J'en veux à la terre entière, j'en veux à Dieu, j'en veux à mes plus proches parce qu'ils ne suffisent pas pour alléger ma douleur. Je m'en veux à moi-même. Et pourtant, dans ces moments-là, j'ai un terrible besoin de consolation, de relations apaisantes… Je crie dans le désert, vers qui ? Mon cri rejoint celui de Jésus sur la croix : *mon Dieu, mon Dieu, pourquoi m'as-tu abandonné ?* Je vis l'abandon de Dieu, mais, en même temps, je l'appelle.

Lors des cultes au sein de l'Église protestante, nous suivons une certaine liturgie. En général nous commençons le culte par la louange, en disant ensemble notre joie d'être rassemblés, notre joie de recevoir l'amour gratuit du Christ pour nous. Puis, vient la confession des péchés, dans laquelle nous disons à Dieu nos manquements, nos faux-semblants, même si nous savons qu'il les connaît déjà. Nous disons peut-être que nous nous sentons coupables devant Dieu, coupables de perdre espoir et de ne pas avoir suffisamment la foi. Puis nous recevons le pardon de Dieu, avec le rappel de la résurrection du Christ.

Mais sommes-nous vraiment libérés ? Sommes-nous consolés ? N'y-a-t-il pas encore en moi et peut-être entre moi et d'autres, des blessures physiques et morales, un poids de ruptures, de deuils impossibles à supporter ? Toutes ces souffrances qui me rendent inaccessible à cette consolation, inconsolable définitivement, toujours inconsolable, privée de l'apaisement pourtant espéré ? Les paroles de consolation ne me rejoignent pas toujours. Peut-être parce que mes souffrances n'ont pas été exprimées ni entendues. Je rêverais de commencer un culte par un temps d'échanges au cours duquel chacun dirait ses préoccupations et ses ressentis du moment.

Un jour, alors que j'assistais à un culte dans une Église africaine, à la fin d'un temps de louange déjà très long, le pasteur a dit : « nous avons loué le Seigneur, mais certains ont encore le cœur triste et troublé, alors nous allons nous saluer les uns les autres et nous prendre dans les bras si nous le souhaitons pour être encore réconfortés ». Et des femmes africaines de forte corpulence se sont avancées pour prendre les fidèles dans leurs bras ! En effet, la consolation que j'attends ne vient pas seulement du ciel ! J'ai besoin des autres. Il me faut des bras, des bras vraiment ouverts d'humains, me reconnaissant pleinement humaine, pour vivre cet apaisement dans l'aujourd'hui de ma vie. Et j'ai besoin de paroles vraies et justes qui me rejoignent dans mes préoccupations. D'ailleurs, dans l'Évangile, la phrase qui précède la question de Pierre à propos du péché et du pardon est : *Là où deux ou trois s'assemblent en mon nom, je suis au milieu d'eux.* Ne pas être seul aurait donc son importance pour ressentir la présence de Dieu, sa consolation, son pardon.

Dieu peut paraître absent de ma vie, surtout lorsque je traverse le désert, l'épreuve de la maladie, de la solitude ou du deuil. Mais je le redis, je crois que si Dieu se fait présent, ce n'est qu'au cœur de nos relations avec les autres, au cœur de l'amour partagé, au cœur de la bienveillance envers chacun, au cœur de nos partages vrais et sincères.

Or, lorsque Dieu est présent, lorsque l'amour est vécu, tout devient possible, diront certains ! C'est aussi écrit dans la Bible et c'est le deuxième texte auquel j'ai voulu me confronter.

Je crois, viens au secours de mon absence de foi !

En effet, au cœur de ma traversée de la maladie, j'ai souhaité me plonger dans un récit de guérison pour éprouver ce qu'un tel texte pouvait me dire dans cette circonstance, pour éprouver mes doutes quant à un possible miracle de guérison ! J'ai choisi la guérison de l'enfant sourd-muet[49] :

Et aussitôt que l'enfant vit Jésus, l'esprit l'agita avec violence ; il tomba par terre et se roulait en écumant.

Jésus demanda au père : Combien y-a-t-il de temps que cela lui arrive ?

Depuis son enfance, répondit-il.

Et souvent l'esprit l'a jeté dans le feu et dans l'eau pour le faire périr. Mais, si tu peux quelque chose, viens à notre secours, aie compassion de nous.

Jésus lui dit : Si tu peux !... Tout est possible à celui qui croit.

---

49. Marc 9,20-29, traduction Nouvelle Bible Segond.

Aussitôt le père de l'enfant s'écria : Je crois ! Viens au secours de mon incrédulité !

Jésus, voyant accourir la foule, menaça l'esprit impur et lui dit : Esprit muet et sourd, je te l'ordonne, sors de cet enfant et n'y rentre plus.

Et il sortit, en poussant des cris et en l'agitant avec une grande violence. L'enfant devint comme mort, de sorte que plusieurs disaient qu'il était mort.

Mais Jésus, l'ayant pris par la main, le fit lever. Et il se tint debout.

Dans ce récit, je repère deux personnes qui souffrent et auxquelles m'identifier.

Il y a tout d'abord l'enfant qui est prisonnier dans son corps et dans son esprit, comme aliéné, coupé de toute communication. Comme cela m'arrive aussi parfois, lorsque je suis tourmentée et que je n'arrive pas à trouver les mots, les mots pour dire un mal qui me ronge. Oui, la souffrance peut me séparer des autres et de moi-même, me rendant presque inhumaine. Durant tout le récit, l'enfant ne parle pas. Pire, il est comme un objet qu'on déplace. Le verbe utilisé dans le texte est « apporter », il s'agit de l'apporter à Jésus et non de l'emmener ou de le conduire. C'est un peu comme si on apportait son ordinateur chez un informaticien pour traiter une attaque virale.

Le deuxième personnage, c'est le père de l'enfant, qui est désespéré face à la souffrance de son fils. Au fond du gouffre, il n'en peut plus et il demande un miracle. Il demande un acte magique qui chasserait l'esprit mauvais de son fils. Moi aussi, j'aimerais, bien souvent, que mon mal soit chassé par un geste ou un acte magique ! C'est là que Jésus intervient. Il s'adresse au père en lui demandant : « Combien y-a-t-il de temps que cela lui arrive ? »

Étrange non ? Imaginez la scène ! L'enfant est là, par terre, en pleine crise et Jésus engage tranquillement la conversation. Quel est l'intérêt d'une telle question ? Il souffre, là, maintenant ! Tout ce que demande le père, c'est que cela cesse enfin ! Cependant la question du temps, de la durée, a une importance et tous ceux qui souffrent le savent. Lorsque je suis au cœur de la souffrance, le temps n'est plus le même, les aiguilles de l'horloge n'avancent pas à la même vitesse et je perds vite patience. Il se peut aussi que Jésus éprouve de la compassion pour l'enfant et pour son père, il s'intéresse à leur histoire, à ce qu'ils vivent. Quoi qu'il en soit, par cette parole Jésus permet au père de l'enfant de raconter sa souffrance et celle de son fils. Ainsi Jésus ne guérit pas par un acte mécanique, mais il entre en relation, il écoute celui qui souffre et qui peut parler, et il lui donne la parole.

Nous sommes loin de notre société de rendement et de rapidité, je suis invitée à prendre le temps d'entrer en relation avec l'autre. Et grâce à la parole, le père sera en mesure de raconter, d'inscrire leur souffrance dans une histoire et ainsi, d'évoluer dans sa relation avec son fils.

En effet, jusque-là, il se servait du « je » pour parler et du « il » pour désigner son fils. Maintenant il utilise le « nous » en disant : « si tu peux quelque chose, viens à notre secours, aie compassion de nous ». Autrement dit : « mon fils souffre, moi je souffre de le voir comme ça. Viens à notre aide à tous les deux. Si tu le peux. »

Mais pour Jésus, il n'est pas question de pouvoir, c'est-à-dire de capacité, mais de foi, de confiance[50]. « Tout est possible à celui qui croit » dit Jésus. Parole difficile à entendre ! Si tout devenait possible pour le croyant, ça se saurait ! Il y a bien des croyants qui sont en proie à la maladie, à la souffrance, à la solitude, à la pauvreté, aux conflits.

Je suis, ici, questionnée sur ma propre foi, sur ma capacité à admettre que tout est possible pour celui qui croit. Ai-je suffisamment la foi ? Et si je ne guéris pas, est-ce un manque de foi ? J'avoue que cela me révolte lorsque certains disent cela. J'ai déjà évoqué cette question et j'ajoute que pour moi personne ne peut dire si quelqu'un a assez de foi ou non. La foi ne se quantifie pas, elle se vit de manière personnelle ou communautaire, mais jamais dans la comparaison. Face aux souffrances, ne suis-je pas perdue, comme le père qui s'écrie : « je crois ! Viens au secours de mon incrédulité ! » Voilà que son fils est malade depuis sa plus tendre enfance et

50. L'étymologie du mot confiance est avoir foi, croire (*-fidere*) ensemble (*con-*). La confiance nécessite donc la relation.

le père est questionné sur sa foi, sur sa capacité à faire confiance. Et si ce qui avait manqué au fils durant toutes ces années, c'était cela ? La foi de son père, sa confiance en la vie, une confiance vraie qui fait croître et grandir, la confiance de son père en lui ?

La foi ne se transmet pas, mais elle se vit, dans notre attitude et notre comportement, dans notre manière d'entrer en relation avec les autres. Le père de l'enfant a accès à la foi, à la confiance, en reconnaissant son manque de foi, son manque de confiance.

« Je crois, viens au secours de mon incrédulité ».

« Je crois », mais cela ne me donne aucune certitude.

Oui, au cœur de mes doutes et de mes questions sans réponse, je peux être traversée par l'élan d'un « je crois ». Mais croire ne donne aucune certitude, ni aucune réponse à mes questions autour de la souffrance, de la vie et de la mort. Le mystère demeure. Et lorsque ma foi, mon « je crois », est mise à mal par les souffrances et les turbulences que je traverse, alors peut-être que ce qui me tient en vie, ce qui maintient en moi une confiance malgré tout, c'est une personne qui se tient près de moi, qui me rejoint, c'est un autre.

Ainsi dans ce passage, le miracle est certes constitué de la guérison de l'enfant mais aussi de la compassion réclamée et vécue. Le miracle, c'est qu'une parole et une relation deviennent possibles pour ceux qui souffrent. Le miracle, c'est aussi d'entendre le cri du père de l'enfant, son accès à la foi, à la confiance. Et si je reviens au fils souffrant, tout comme le récit y revient, je découvre que Jésus a chassé l'esprit mauvais avec autorité. Épuisé, l'enfant est comme mort, toujours allongé au sol.

Et là, Jésus le prend par la main pour le faire se lever, pour le mettre debout. L'enfant ne parle toujours pas. Mais Jésus utilise un autre langage que la parole pour aller à sa rencontre. Il le prend par la main. Ce geste est pour moi très important, en tant qu'aumônier des hôpitaux. En effet, face à la souffrance extrême qui empêche parfois la parole, la compassion peut se dire avec un geste, la main dans la main, la caresse, la tendresse. Pour moi, la tendresse est parfois le seul moyen de me reconnecter à la vie, la tendresse qui m'est donnée, celle que je me donne en me prenant moi-même dans mes bras, ou celle que je peux donner à quelqu'un. L'enfant n'est plus à terre, il est debout. Mais tout n'est pas fini. Au contraire, tout commence. L'enfant est relevé, il est vivant, il est debout. C'est le passage de la mort à la vie, c'est une naissance, qui est certainement aussi un miracle, un miracle avec toute sa fragilité, ses questions, ses doutes et ses promesses d'espérance, malgré tout.

J'ai oublié les mots
J'suis mal dans ma peau
J'ai la haine et la rage
J'peux pas tourner la page

Quand parfois on m'dit
La mine toute réjouie :
« T'es jeune, t'as la vie devant toi »
Ça m'laisse sans voix

Y'en a qui naissent en haut de l'échelle
D'autres dans un trou creusé à la pelle
Et quand tu rêves de monter
Tous les barreaux sont cassés.

Y'a des gouffres que tu n'peux pas éviter
Et y'a pas de chemin tout tracé
Si dans la galère t'es embarqué
C'est dur de se relever.

Et y'a surtout les prisons
Pour les mauvais et les bons
La prison visible
Et toutes les invisibles.

La vie ça fait mal et c'est dur
Tu te heurtes à des murs
Et tu perds la parole
Ça c'est pas une parabole.

Mais un jour tu vas croiser
Celui qui te fera espérer
Ses mots d'amour vont te faire naître
Et te libérer des barrières du paraître.

Même si c'est un rêve
Un regard qui relève
Une tendresse espérée
Ça peut t'aider à te lever !

Je crois que le miracle dans nos vies, c'est l'amour que l'on manifeste les uns pour les autres. Et si l'amour premier me vient de Dieu, il est alors la source qui rend possible mes relations avec les autres et avec moi-même. Or, cet amour de Dieu en moi, aujourd'hui, je le ressens parce qu'un jour quelqu'un m'a dit « je t'aime », en vérité, en toute sincérité et parce que dans ma vie et dans mes relations, au cœur même de mes souffrances, je ressens l'amour de celles et de ceux qui se font proches de moi, tout proches, en vérité et en toute discrétion parfois. Et peut-être aussi que je peux dire « je crois », je peux dire « oui à la vie ici et maintenant », parce que, comme l'écrit Raphaël Picon, professeur de théologie, « Dieu, c'est ce oui qui nous met debout et qui croit en nous ».

En guise de conclusion

Amis lecteurs, je vous ai livré un peu de moi, pas tout, fort heureusement ! Et de toute façon je ne me connais pas totalement et vous ne pouvez pas non plus me connaître, juste me percevoir. Je me suis livrée en vérité, jusqu'à partager avec vous une ébauche de confession de foi.

Je pense qu'il existe une différence entre le Dieu en qui je crois et le Dieu en qui j'espère. Peut-être parce qu'au travers de cette maladie, j'ai perdu le Dieu en qui je crois, en qui je croyais. Mais je crois, j'en ai la conviction, que je n'ai pas perdu le Dieu en qui j'espère. Et aujourd'hui, je n'ai aucune envie de rétablir une image de Dieu en qui croire. Je préfère rester dans cette attente pleine de doutes, parce qu'elle me permet de rester dans le présent, dans l'expérience du vide qui n'est pas le vide, dans l'attente habitée par la Vie et l'espérance de Dieu.

Et cette espérance de Dieu me met en mouvement vers moi-même, vers qui je suis vraiment et en mouvement vers les autres, dans des relations vraies et justes, le plus possible.

Remerciements et notes

Je tiens à remercier tout particulièrement Michel, mon compagnon, qui partage ma vie et me soutient dans cette traversée de la souffrance. Il a été mon premier lecteur !

Merci aussi à Véronique, Élisabeth, Guylène, Annick, Jean-Christophe… pour leur relecture, leurs conseils et leurs remarques avisés.

Merci à Denis Guillaume des éditions Empreinte temps présent qui a cru en moi et m'a donné l'espérance d'une publication possible.

Merci à celles et ceux qui ne m'ont pas « lâchée », qui restent proches, vrais et humains, durant ce long chemin de souffrance et de lutte, je ne les cite pas, mais ils se reconnaîtront.

Je souhaite simplement ici vous partager deux extraits de messages que j'ai reçus durant cette période et qui m'ont particulièrement touchée parce qu'ils sont en lien avec mon ressenti et avec ce que je partage ici dans ce livre.

Voici le premier :

Quelques mots en ce premier matin d'août pour te dire que tu n'es pas cette maladie, que toi Marianne, ton Self est sain, dans l'amour et l'empathie, dans la générosité et dans la joie. Ce que j'aimerais au plus profond de moi, là, au moment où je t'écris, c'est que tu prennes quelques instants (et oui je sais que la douleur est grande) pour te connecter à ce Self et qu'une fois connectée tu apportes à ces parties de toi malades toute la douceur dont elles ont besoin. Prends-toi aussi dans tes bras, c'est aussi ça lâcher prise, c'est renoncer à être cet être constamment fort, renoncer à porter ce que les autres te demandent. Lâcher prise, c'est être ce que tu es et l'étreindre, c'est accepter ton humanité. Dieu n'a pas souhaité autre chose et s'il nous a fait Hommes c'est pour vivre entièrement notre humanité avec ses parts fragiles, avec ses cris. Dieu ne souhaite pas autre chose, Marianne, que ce « oui ». Mais ce « oui » n'est pas un « oui, je me réjouis de mes souffrances, je suis heureuse… » c'est un « oui je reconnais que j'en ai marre, oui je suis en colère, oui je souffre, oui je ne suis pas toujours forte, oui je doute Seigneur de ton existence lorsque dans cette vie, c'est de douleurs et de souffrances dont je suis drapée, oui ! oui ! oui ! je suis ce que je suis ». J'ai la croyance que le premier devoir que nous ayons est celui d'aimer ce que nous sommes et crois-moi je sais à quel point cela est difficile. S'aimer soi c'est reconnaître son humanité et c'est donc reconnaître en chacun d'entre nous l'humanité et donc ses erreurs aussi, ses errances, sa vulnérabilité. C'est un acte d'amour universel.

Que cette journée soit une plongée en « toi m'aime », Marianne, en t'étreignant c'est moi que tu étreins. En t'étreignant, c'est le monde entier qui te prend dans ses bras…

Et le deuxième :

À Marianne…

Je hais ta douleur.

Je la hais parce qu'elle te décourage, t'épuise, te désespère, te laisse comme un animal traqué.

Je la déteste parce que je ne peux pas la porter avec toi, la porter pour toi, t'en libérer.

J'aimerais tant te rendre une vie normale, paisible et sereine, un horizon lointain ; apaiser la tempête qui ne laisse de répit à tes sens, à ton esprit, à ton corps, à ton âme parfois même, qui menace de t'emporter telle une tornade.

J'aimerais…

J'aimerais te donner la paix intérieure, apaiser ton corps, ce corps que nous devrions habiter et non pas subir.

Je voudrais tant te donner des ailes…

Je ne peux que t'offrir de te blottir au creux de ma prière.

Je ne peux que t'accompagner au pied de la croix, te tenir la main lorsque tu cries, te soutenir lorsque tu tangues.

Je ne peux que tenir ta main pour te faire sentir la vie qui se bat encore, à tes côtés comme en toi.

Je ne peux que mêler mes larmes aux tiennes et partager ton impuissance. Je ne peux qu'espérer, garder une petite flamme allumée quand la tempête éteint la tienne et te redonner un peu de ce feu.

Je me sens si impuissante… Et si impressionnée par la puissance de ton combat permanent pour la vie !

Je me sens si peu face à la grande dame que tu es…

Continue à te battre, ma sœur, continue à aimer.

Continue à saisir cette vie comme si elle se ruait sur toi au risque de te renverser.

Continue à te battre pour habiter le doute, le confronter à la croix…

Le confronter jusqu'à ce qu'il s'habille de résurrection.

Car le Christ est là. Il se tient près de toi. Là où personne d'autre ne pourra aller.

Il est encore là quand j'ai déjà abandonné,

Il est encore là quand je ne cherche même plus, quand mes pourquoi le cachent à ma vue.

Même en forme de point d'interrogation, il sera toujours là.

Tu le savais déjà, tu le sais intimement, il est Têtu !

Dans la même collection

Notre Père, la prière selon Jésus. Antoine Nouis

ISBN 978 2 35614 083 8

Adam, de souffle et de poussière. Antoine Nouis

ISBN 978 2 35614 091 3

De Noé à Babel, refonder le monde. Antoine Nouis

ISBN 978 2 35614 094 4

La Bible en 100 pages. Phil Moore

ISBN 978 2 35614 085 2

60' pour comprendre **La Bible**. Nick Page

ISBN 978 2 35614 077 7

60' pour comprendre **Jésus**. Nick Page

ISBN 978 2 35614 078 4

60' pour connaître **Les religions du monde**

Joanne O'Brien/Sandra Palmer

ISBN 978 2 35614 084 5